CB009997

Pequeno livro de

CRUZEIROS

Guia para toda hora

CIP-BRASIL. CATALOGAÇÃO NA FONTE
SINDICATO NACIONAL DOS EDITORES DE LIVROS, RJ

C21p

Campos, Mari
   Pequeno livro de cruzeiros : guia para toda hora / Mari
Campos. - Campinas, SP : Verus, 2010.
   il.

   ISBN 978-85-7686-095-2

   1. Viagens marítimas - Guias. I. Título.

10-3970   CDD: 910.45
                                               CDU: 910.4

Mari Campos

Pequeno livro de

CRUZEIROS

Guia para toda hora

VERUS EDITORA

Editora
Raïssa Castro

Coordenadora Editorial
Ana Paula Gomes

Copidesque e Revisão
Ana Paula Gomes

Capa & Projeto Gráfico
André S. Tavares da Silva

VERUS EDITORA LTDA.
Rua Benedicto Aristides Ribeiro, 55
Jd. Santa Genebra II - 13084-753
Campinas/SP - Brasil
Fone/Fax: (19) 3249-0001
verus@veruseditora.com.br
www.veruseditora.com.br

Um homem precisa viajar. Por sua conta, não por meio de histórias, imagens, livros ou TV. Precisa viajar por si, com seus olhos e pés, para entender o que é seu. Para um dia plantar as suas próprias árvores e dar-lhes valor. Conhecer o frio para desfrutar o calor. E o oposto. Sentir a distância e o desabrigo para estar bem sob o próprio teto. Um homem precisa viajar para lugares que não conhece para quebrar essa arrogância que nos faz ver o mundo como o imaginamos, e não simplesmente como é ou pode ser.

Amyr Klink

SUMÁRIO

Apresentação
NO BALANÇO DO MAR

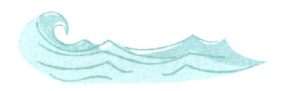

E u nunca tive muita vontade de navegar por aí. Achava um luxo aquelas propagandas de companhias internacionais de cruzeiros, mas, como sempre comparei o cruzeiro a um grande *resort* sobre águas, e nunca gostei de *resorts*, ia deixando para depois.

Minha primeira experiência sobre as águas – salvo escunas, *ferries* e afins – foi em 2005, quando os cruzeiros definitivamente viraram moda no Brasil. Era baratinho e achei que deveria experimentar nas férias. Acabei me decepcionando terrivelmente: a cabine era horrível, mínima, e a cama mais parecia um leito de hospital; a comida era sem graça e sem gosto, e só existiam bufês, nada *à la carte* como eu esperava; o roteiro era fraquinho, o entretenimento, pífio, e o navio estava sempre tão lotado, mas tão lotado, que o dia inteiro era impossível encontrar um lugar ao sol. Sem contar os hóspedes extremamente mal-educados, muitos deles bêbados já nas primeiras horas da manhã. Cruzeiro não era minha praia, então? Era sim, descobri depois; eu é que tinha escolhido a companhia errada e o tipo errado de cruzeiro.

Tanto que, dois anos e meio depois, fui convidada para encarar outro cruzeiro, de outro tipo e outra companhia, e aceitei. A experiência foi fascinante: pela comida esplêndida, pelo serviço de primeira, pela cabine confortável, pelo roteiro inesquecível. A viagem foi tão boa que percebi que, no fundo, gostava mesmo de estar sobre as águas, daquela sensação de liberdade causada pelo vento forte batendo no rosto, do balanço, do contato com tripulantes e hóspedes de todas as partes do mundo... Eu morro de medo de avião; já dentro do navio, mal lembro que estou num hotel sobre águas, me movendo em alto-mar. Depois desse, vieram ainda vários outros cruzeiros, até fora do país, e uma adorável travessia transatlântica Brasil-Itália.

Descobri que no meu primeiro cruzeiro fiquei empolgada pela publicidade e pesquisei pouco antes de comprar – acabei embarcando numa viagem que não tinha nada a ver comigo (afinal, quem quer sossego não deve embarcar num cruzeiro de Carnaval, assim como quem quer agito o tempo todo não deve encarar uma travessia). Depois que fiz o segundo cruzeiro, comprovei que a máxima "Quem experimenta sempre volta" é bem razoável mesmo, tanto que já listei várias opções de cruzeiros pelo Brasil e pelo mundo que ainda quero fazer.

Hoje, só escolho roteiros que eu queira, de fato, conhecer, e navios que estejam de acordo com meu perfil de viajante. E por isso mesmo eles sempre me agradam no saldo geral.

Espero que as dicas aqui apresentadas ajudem você na preparação de seu próximo cruzeiro. Mas use e abuse também de seu agente de viagens e da Internet (*sites* de companhias de cruzeiros, operadoras, revistas e *blogs* de viagem) para pesquisar *muito* sobre os destinos envolvidos no roteiro que você quer fazer e para colher informações sobre o navio, incluindo opiniões de outros viajantes que já encararam oceanos dentro dele.

E ótimas viagens!

BEM-VINDOS A BORDO!

A decisão de viajar é sempre empolgante, mesmo para quem viaja com frequência. Como, quando, para onde... Pensar na duração da viagem, fazer o planejamento financeiro para confirmar se está dentro do seu orçamento, eleger o roteiro passo a passo – tudo isso mexe mesmo com os brios e os sonhos de qualquer um. Mas poucas decisões de viagem são tão definitivas quanto escolher um cruzeiro – você vai eleger uma "casa" fixa por alguns dias, mas que o levará a acordar cada dia num lugar diferente.

Moda na costa brasileira há pouco mais de cinco anos, os cruzeiros são há décadas uma das principais formas de viajar em férias para americanos e europeus. O conforto de contar com cabines completas e refeições a bordo, já incluídas no preço, definitivamente seduziu os brasileiros nos últimos anos. A cada verão, o número de navios na costa do país bate novos recordes, e algumas companhias já até planejam deixar embarcações em território brasileiro durante o ano todo, já que nossa posição privilegiada no globo terrestre nos dá tempo bom e temperaturas agradáveis praticamente o ano inteiro (hoje alguns navios já fazem temporadas brasileiras de outubro até fim de maio).

Antes de literalmente embarcar nessa viagem, é legal conhecer direitinho como funciona o cruzeiro no Brasil e no mundo, o que está e o que não está incluído e, claro, fazer um seguro-viagem específico – uma simples intoxicação num cruzeiro, sem seguro, pode levar o passageiro quase à bancarrota (lembrando que a moeda a bordo é, em geral, dólar ou euro).

Existem cruzeiros só para jovens, exclusivos para famílias, aqueles que não aceitam crianças, os supereconômicos e até cruzeiros de volta ao mundo. Aqui você encontrará informações preliminares e também sugestões de roteiros, ideias para aproveitar ao máximo tudo que o navio oferece, dicas para não sentir enjoo no mar e várias outras indicações.

Aproveite as próximas páginas e boa viagem!

1
MARINHEIROS DE PRIMEIRA VIAGEM

Os cruzeiros sempre fascinaram o brasileiro, desde a época em que eram inacessíveis ao padrão médio da população. Nos anos 60, muitos sonhavam embarcar em viagens cheias de celebridades em navios entre Londres e Nova York. Hoje, com a ampliação da oferta na costa brasileira a cada ano, os cruzeiros são produtos de fácil consumo no turismo, sobretudo nacional – o setor tem crescido entre 30% e 50% ao ano nos últimos cinco anos.

Mas, ainda assim, alguns mitos sobrevivem, principalmente para marinheiros de primeira viagem. A informalidade predomina nos cruzeiros pela costa brasileira, mas há todo tipo de opção no mercado – e uma experiência bem-sucedida num cruzeiro pressupõe, como em qualquer viagem, pesquisa sobre as escalas, escolha do navio adequado ao perfil do viajante e uma mala benfeita, que vá das Havaianas ao traje social.

A moeda estável fez com que os brasileiros mal reparassem que os preços dos cruzeiros são todos em dólar – uma semana num cruzeiro, independentemente do tipo, custa menos que uma semana num hotel da mesma categoria e ainda inclui todas as refeições e o entretenimento (alguns incluem também as bebidas consumidas durante as refeições, e existem ainda os cruzeiros *all-inclusive* e *super all-inclusive*). Mas é preciso lembrar que a bordo tudo é cobrado em moeda estrangeira, e uma simples garrafa de vinho em todas as refeições pode surpreender o viajante ao receber a conta na hora do *checkout*.

É fato que os cruzeiros no Brasil valorizam mais o entretenimento, enquanto os do exterior dão mais ênfase à gastronomia, às escalas e à infraestrutura do navio. De qualquer maneira, além de lazer em tempo integral, o cruzeiro sempre preza por oferecer conforto nas instalações, bons serviços, ócio e muita, muita comida.

Por que fazer um cruzeiro?

À pergunta mais comum que me fazem a respeito de cruzeiros – "O que posso esperar da viagem?" –, só tenho uma resposta: depende muito do cruzeiro que se faz. Há cruzeiros mais simples, informais, outros mais formais, e alguns são mesmo luxuosos, o que se reflete em tudo: na comida, no entretenimento, nas acomodações... Por isso é preciso pesquisar muito antes de comprar – os cruzeiros *all-inclusive*, por exemplo, podem parecer muito interessantes financeiramente, mas costumam oferecer produtos de qualidade inferior, sobretudo no bar.

De qualquer maneira, cruzeiros costumam envolver conforto, boa comida e muitas opções de lazer, cultura e *fitness*, para todas as idades. Muita gente se pergunta quais as vantagens de escolher esse modo de viajar – acho que se pode esperar de tudo, menos rotina. A ideia central do cruzeiro é tornar cada dia do roteiro uma nova experiência, em um local diferente, e isso se traduz também no *show* noturno, que muda diariamente, e no cardápio dos restaurantes, que se modifica a cada refeição.

As vantagens em relação a um hotel ou *resort* geralmente se destacam pelo valor final da compra e, em alguns casos, pelo serviço. A relação custo-benefício de um cruzeiro, seja ele econômico, tradicional ou de alto luxo, é geralmente muitíssimo interessante. Além disso, inúmeros destinos são conhecidos, mas as malas são feitas uma única vez, independentemente da duração da viagem, sem diferentes *check-ins* e *checkouts* ao longo do percurso.

Nenhum cruzeiro marítimo é igual, assim como nenhuma companhia aérea é igual, sobretudo porque nenhum passageiro é igual. Claro que o perfil do cruzeiro determina majoritariamente o perfil de seus passageiros, mas, em geral, você encontra a bordo pessoas de diferentes nacionalidades, classes sociais e culturas.

A onda dos cruzeiros temáticos, por exemplo, começou no resto do mundo há mais de uma década, mas ganhou força no Brasil nos últimos cinco anos, talvez mais que em qualquer outra região. Hoje, é comum encontrar cruzeiros destinados exclusivamente a jovens, a idosos, a famílias, a pessoas interessadas em atividades físicas e bem-estar, cruzeiros gastronômicos, de dança e inúmeras outras possibilidades. É possível encontrar até mesmo cruzeiros fluviais, ou seja, que fazem sua rota ao longo de rios e canais importantes mundo afora – do Amazonas aos canais holandeses.

Outro aspecto importante é que a nova geração de cruzeiros no Brasil busca simplificar um pouco as viagens de navio. As companhias perceberam que quem busca um cruzeiro quer acima de tudo conforto e descanso, e não necessariamente ficar se paramentando para eventos sociais e jantares sofisticados. Por isso os cruzeiros brasileiros são cada vez mais informais.

O mundo dos cruzeiros

Dizem por aí que os cruzeiros compõem um mundo à parte no universo das viagens. Há cruzeiros pelos mais variados destinos do mundo, e há destinos que, ouso arriscar, talvez a melhor maneira de conhecer seja mesmo com um cruzeiro – é o caso, por exemplo, do Alasca, dos fiordes noruegueses e da Antártida. Há empresas que operam no mundo todo e outras que se especializaram em determinada região, valorizando em seus roteiros pequenas localidades históricas e lugares com belezas naturais.

Como eu disse antes, foi-se o tempo em que cruzeiros eram necessariamente viagens luxuosas e caras. Há diversas companhias que, ao contrário, investem no apelo econômico de suas viagens. Um cruzeiro de uma semana pela costa brasileira, por exemplo, custa menos que o mesmo período num *resort* nordestino de qualidade semelhante. O novo segmento de cruzeiros econômicos faz sucesso não apenas no Brasil, mas no mundo todo. A companhia EasyJet, por exemplo, criou a EasyCruise, que oferece roteiros muito simples pelo Caribe (e, eventualmente, pelo Mediterrâneo), sem nenhuma das refeições incluídas nem entretenimento a bordo, mas que chegam a custar quinze euros por noite em saídas superpromocionais – perfeitos para quem está mais interessado nos locais de escala que na viagem de navio em si.

Ao escolher a viagem, a regra principal é pesquisar até encontrar o navio, o destino e a companhia de cruzeiros que mais se encaixam no *seu perfil*. Mas escolher o cruzeiro em função do destino, sem antes conhecer bem o tipo de navio em que embarcará, pode se tornar uma fria. Podemos adotar como consenso geral que os maiores navios costumam oferecer opções mais variadas de entretenimento e lazer; por outro lado, com o número grande de passageiros, há muito menos interação entre eles. Já os navios menores costumam oferecer menos atividades de entretenimento, mas valorizam mais o serviço da tripulação e as escalas.

Nos *sites* das companhias de cruzeiros, há inúmeros detalhes dos navios que compõem a frota, incluindo descrições técnicas de cada um, fotos das cabines, estrutura de lazer e serviços, informações sobre os portos de escala e sobre as excursões oferecidas em cada um etc. Ao escolher com cuidado o navio e os destinos do roteiro, há muito mais chances de aproveitar ao máximo o cruzeiro.

O que define o tamanho do navio?

✔ **Os navios são divididos em embarcações de pequeno, médio e grande porte.** Essa diferença de tamanho, que se refere às especificações físicas das embarcações e à capacidade de passageiros transportados, interfere na infraestrutura de lazer e no serviço.

✔ **Navios maiores, em geral, contam com maior infraestrutura de lazer** e mais diversidade de ambientes para os passageiros – afinal, como comportam mais pessoas, necessitam de restaurantes maiores, mais piscinas, teatro mais amplo etc. Os navios menores, por transportarem menos hóspedes a cada viagem, têm menor infraestrutura de lazer e investem mais na ideia de exclusividade de seus restaurantes e serviços, ou são voltados para a exploração do roteiro, como em viagens à Antártida ou à Terra do Fogo.

- **São considerados navios de grande porte os que transportam mais de 1,5 mil passageiros;** os médios levam entre quinhentas e 1,5 mil pessoas; e os pequenos têm capacidade para menos de quinhentos hóspedes. A quantidade de cabines disponíveis muda conforme o tipo de navio.

- **Como regra geral,** dada sua capacidade, navios de grande porte oferecem preços menores.

- **Navios de médio porte costumam ser o modelo escolhido pelas companhias de cruzeiros mais luxuosas,** embora também sejam frequentemente adotados por aquelas que oferecem cruzeiros de exploração.

- **Navios de pequeno porte são também chamados de megaiates** e oferecem os serviços mais exclusivos do mundo dos cruzeiros. As cabines costumam ser espaçosas, e um número muito restrito de passageiros é transportado a cada viagem, em cruzeiros mais intimistas e, obviamente, muito mais caros.

O que está incluído?

✔ **O que está incluído em um cruzeiro marítimo ou fluvial muda muito em função do tipo de cruzeiro que se escolhe,** como você verá mais adiante. Salvo raríssimas exceções, porém, os cruzeiros incluem, além da cabine escolhida, um mínimo de três refeições diárias – mas o padrão mais comum são cinco refeições – e o entretenimento a bordo. Muitos navios maiores hoje em dia têm também bém um ou dois restaurantes mais exclusivos, de pagamento extra.

✔ **Para não ter surpresas a bordo ou, pior, na hora do *checkout*,** antes de efetuar a compra vale perguntar ao agente de viagens, ou pelo formulário de contato dos *sites* das companhias de cruzeiros, o que está e o que não está incluído na viagem. Em cada cabine, há sempre um livro ou fichário contendo o diretório do navio – ali o passageiro também encontra detalhes do que é e não é cobrado naquele roteiro.

- ✔ **Água potável costuma ser gratuita durante todo o cruzeiro na maioria das companhias,** inclusive durante as refeições, embora algumas não ofereçam essa opção – somente água engarrafada, cobrada à parte. Vale perguntar antes da compra.

- ✔ **Em geral, excluem-se do valor do cruzeiro** excursões em terra, *transfers* de e para o porto, bilhetes aéreos, bebidas (salvo em pacotes *all-inclusive*), serviços de lavanderia, serviços de beleza, telecomunicações, atendimento médico e qualquer outra despesa de caráter pessoal. Todos esses gastos são automaticamente debitados na conta individual da cabine e apresentados para conferência no *checkout*.

✔ **O serviço de cabine (*room service*) é gratuito para o café da manhã em algumas companhias,** bastando preencher o *menu* disponível antes da uma da manhã e afixá-lo na porta da cabine. Os demais serviços de quarto, disponíveis 24 horas, são cobrados, e os custos variam de navio para navio.

✔ **É preciso lembrar, também, que ao valor do cruzeiro devem ser somadas** as taxas portuárias e as taxas de serviço, que fazem parte do custo total da viagem – e, em alguns roteiros, aumentam consideravelmente o valor final do cruzeiro.

✔ **As taxas portuárias são obrigatórias** e, na maioria das companhias, devem ser pagas no ato da compra do cruzeiro, assim como pagamos a taxa de embarque ao comprar uma passagem aérea. O valor total das taxas depende da duração do roteiro, da quantidade de escalas e dos destinos envolvidos.

✔ **A taxa de serviço** (valor que varia de um navio para outro, mas costuma ficar entre seis e quinze dólares por pessoa, por dia) geralmente é cobrada também no ato da aquisição da viagem. No Brasil, é quase sempre cobrada antecipadamente, já que brasileiros em geral não costumam dar gorjetas a garçons, camareiros, *barmen* e afins.

Por que um cruzeiro e não um *resort*?

Encontrar vantagens ou desvantagens neste ou naquele tipo de viagem depende muito, é claro, do viajante. Mas, em geral, acredito que os cruzeiros sejam mais interessantes que os *resorts* pelos seguintes motivos:

✔ **As cabines são confortáveis** e custam menos que um quarto num *resort* da mesma categoria (co-

mo no *resort*, o preço da cabine depende da localização, do tamanho e, claro, da categoria do
navio).

- ✔ **Por esse motivo,** uma semana num cruzeiro custa menos que o mesmo período num *resort* da
mesma categoria.

- ✔ **Os *resorts* costumam incluir meia pensão** (café da manhã e jantar), enquanto os cruzeiros incluem
pensão completa (café, almoço e jantar), e existem muitos com bufê 24 horas ou serviço de
chá da tarde e ceia.

- ✔ **No *resort*, você acorda todo dia na mesma praia,**
e conhecer um local diferente implica
custos extras para o deslocamento. No
navio, você acorda cada dia num porto
diferente e vê paisagens muito distintas ao
longo do cruzeiro; como as taxas portuárias são
obrigatórias, descer nas escalas e conhecê-las não

quer dizer, obrigatoriamente, que você terá custos extras.

- ✔ **Muitos *resorts* possuem apenas um ou dois restaurantes** para o café da manhã e as demais refeições; na maioria dos navios, você pode comer em restaurantes diferentes a cada dia ou mesmo tomar um lanche na piscina.

- ✔ **As opções de entretenimento no *resort*** costumam ser bastante limitadas para adultos (em geral, restringem-se à diversão das crianças); no cruzeiro, há inúmeras opções de entretenimento para todas as idades, todos os dias.

2
COMO ESCOLHER O CRUZEIRO

P ara escolher o cruzeiro sem cair em furada, a regra básica é: informação, informação, informação! Use e abuse da Internet para pesquisar e faça muitas perguntas ao seu agente de viagens sobre os cruzeiros disponíveis – quanto custam, como são, o que incluem, qual o diferencial de cada um (é preciso olho vivo: com a febre dos cruzeiros no Brasil, há também produtos de baixa qualidade sendo oferecidos).

Buscar uma viagem compatível com o seu perfil é essencial. Não adianta escolher um cruzeiro para jovens se você busca conforto e boa comida; e também não vale investir num cruzeiro de luxo se você não quer se arrumar para jantar todos os dias. Há uma vasta gama de cruzeiros para que cada passageiro encontre sua viagem ideal: tradicionais, de exploração, travessias, *all-inclusive*, *super all-inclusive*, temáticos e até de volta ao mundo.

E, ainda que no Brasil muitos passageiros estejam interessados única e exclusivamente no tempo que será desfrutado a bordo do navio, vale prestar atenção no roteiro – para mim, as escalas são parte fundamental da viagem.

Cruzeiros tradicionais

✔ **Na dúvida sobre que tipo de cruzeiro fazer, opte por um tradicional,** assim as chances de você não aproveitar a viagem são mínimas, sobretudo se escolher companhias com muitos anos de navegação e experiência, como Costa, MSC e Royal Caribbean. Os cruzeiros mais tradicionais, de companhias com solidez nesse mercado, costumam oferecer ótima relação custo-benefício e roteiros interessantes – não há luxo, mas cabines confortáveis, boa gastronomia e entretenimento de qualidade.

✔ **Nos cruzeiros mais tradicionais, há espaço para casais em clima de romance,** famílias com crianças ou com adolescentes, grupos de amigos, viajantes solitários e grupos de terceira idade. Todos encontram seu espaço, já que os navios desse estilo sempre oferecem ao menos um restaurante mais formal e um do tipo bufê, diversos bares diferentes para contentar todos os gostos, mais de uma piscina – e separação para a piscina infantil – e programação de lazer que contempla todos esses grupos.

- ✔ **Mas mesmo nos cruzeiros tradicionais vale observar bem a época da viagem:** roteiros com saída no Natal, Réveillon e Carnaval costumam ter viajantes com perfil bem diferente das demais saídas – e preços mais altos também, sobretudo no Brasil.

- ✔ **No Natal, costuma haver famílias completas,** incluindo muitas crianças; no Réveillon, muita gente preocupada com a qualidade da comida; e, no Carnaval, jovens interessados sobretudo em dançar e beber.

Cruzeiros com planos de refeição

- ✔ **São cruzeiros muito semelhantes aos tradicionais,** mas que incluem também, sem custo extra, as bebidas consumidas durante as refeições oferecidas

– geralmente água, refrigerante, suco, cerveja e vinho. No Brasil, a companhia Ibero costuma operar assim.

✔ **Antes de comprar um cruzeiro desse tipo, procure referências sobre ele,** já que muitos roteiros com planos de refeição são realizados em navios de companhias menos tradicionais, de categoria um pouco inferior, e as bebidas oferecidas às refeições costumam ser igualmente de qualidade mais baixa.

Cruzeiros supereconômicos

✔ **Algumas companhias têm apostado firme na onda dos viajantes independentes** e oferecem cruzeiros supereconômicos, com valores diários promocionais que podem ser um pouco mais altos que a acomodação em um albergue.

- ✔ **Vale lembrar que os cruzeiros nessa linha não primam pelo serviço,** não costumam oferecer variedade em estrutura de lazer e entretenimento e, em geral, não incluem refeições a bordo.

- ✔ **Na Europa e no Caribe, a empresa EasyCruise** (da pioneira das *low-costs* aéreas EasyJet), por exemplo, investe em roteiros baratíssimos, em que apenas a cabine está incluída. Todas as refeições devem ser pagas à parte, e não há nenhum tipo de entretenimento a bordo.

- ✔ **Como nesse tipo de roteiro não há dias exclusivos de navegação,** o foco são os destinos, e não a viagem em si – as escalas, ao contrário do que tradicionalmente acontece nos cruzeiros, costumam ter duração bastante ampla, às vezes desde as sete horas da manhã até a madrugada.

- ✔ **Passageiros que buscam esse tipo de viagem estão interessados em descer em todas as escalas** e aproveitar cada parada o máximo possível, até mesmo fazendo as refeições localmente.

- ✔ **Os roteiros mais procurados são pelas ilhas do Caribe** e oferecem uma forma muito barata de deslocamento entre elas.

- ✔ **No Brasil, ainda não existe esse tipo de cruzeiro supereconômico mencionado.** Mas existem cruzeiros bastante em conta, que têm cabines despojadas e gastronomia simples (três refeições diárias incluídas, em estilo bufê), nenhuma frescura e ampla variedade de entretenimento.

- ✔ **Esses cruzeiros são muito procurados por pessoas que querem apenas saber como é fazer uma viagem de navio,** ou por jovens que estão mais interessados nas festas e na diversão a bordo que na qualidade do serviço.

Cruzeiros temáticos

- **Os cruzeiros temáticos existem desde o fim da década de 80,** mas no Brasil viraram febre nos últimos cinco anos. A ideia é tentar reunir na mesma viagem o máximo possível de pessoas com o mesmo perfil.

- **Existem opções de cruzeiros gastronômicos,** com foco na qualidade das refeições servidas; cruzeiros românticos, feitos para casais; cruzeiros bem-estar e *fitness*, voltados para o culto ao corpo e à boa relação com ele; cruzeiros dançantes, para amantes das danças de salão; cruzeiros *single*, universitários ou *party*, com foco em festas e azaração; e muitos outros.

- **Nos cruzeiros temáticos, as atividades a bordo são todas pensadas e planejadas** em torno, obviamente, do tema da viagem e tornam-se muito mais importantes que o roteiro em si.

Antes de comprar o cruzeiro, é fundamental conferir se o tema central da viagem está mesmo de acordo com os interesses de quem vai embarcar. Algumas pessoas acabam comprando este ou aquele cruzeiro por ter uma tarifa mais interessante, sem se dar conta de que se trata de um cruzeiro temático. Um casal de terceira idade que embarque num cruzeiro *party* ou *single* certamente não vai gostar da viagem. Assim como uma pessoa avessa a badalação vai odiar um cruzeiro de Carnaval, e alguém festeiro, ansioso por eventos sociais, vai voltar extremamente frustrado de um cruzeiro de exploração.

Cruzeiros *all-inclusive*

Várias empresas adotam o sistema *all-inclusive* em cruzeiros, como também acontece em muitos *resorts*. No Brasil existem operadoras (como a CVC) especializadas em vender roteiros desse tipo, já que muitos passageiros preferem a tranquilidade de, apesar de pagar um valor mais elevado pelo pacote, não ter que abrir a carteira durante toda a viagem.

- ✔ **Os cruzeiros *all-inclusive* incluem no preço,** além de todas as refeições, também as bebidas consumidas a bordo em qualquer horário do dia. Enquanto estiver no navio, você pode solicitar ao garçom a bebida ou comida que quiser, durante todo o horário de funcionamento de bares e restaurantes, que elas jamais serão cobradas à parte. Entretanto, não espere encontrar nesse tipo de cruzeiro todas as marcas de cerveja ou mesmo refrigerante, nem vinhos de qualidade notável ou uísque doze anos, por exemplo.

- ✔ **Vale destacar que, salvo raríssimas exceções,** o consumo do frigobar da cabine não está incluído no valor do cruzeiro.

- ✔ **Muitos navios *all-inclusive* cobram pelo serviço de quarto.**

- ✔ **Extras de caráter pessoal,** como lavanderia, telefonemas, fichas para jogos, salão de beleza etc., não estão incluídos no preço.

Cruzeiros *super all-inclusive* (ou de luxo)

- ✔ **Os cruzeiros de luxo primam pela qualidade do serviço e pelo conforto das instalações,** em companhias as mais diversas, como Crystal Cruises, Silversea, Seabourn e outras. Mas, sobretudo, investem na qualidade dos itens oferecidos a bordo, das bebidas à gastronomia.

- ✔ **Geralmente são realizados em navios de pequeno e médio porte,** com até três tripulantes por passageiro, e têm todas as primazias de um hotel da mesma categoria.

- ✔ **As cabines possuem não apenas camareira,** mas um funcionário que desempenha também a função de governanta ou mordomo, e pode até desfazer as malas do hóspede na chegada e cuidar de cada detalhe da acomodação.

- ✔ **Os cruzeiros de luxo costumam ter um percentual de cabines com varanda muito maior** que qualquer outro tipo de cruzeiro – em alguns navios, chega a 96% das cabines.

- ✔ **Além de cabines confortáveis, com *amenities* de qualidade,** todo o consumo de bebidas e alimentos está incluído no valor da viagem, com carnes nobres às refeições e bebidas *premium*.

- ✔ **Os cruzeiros de luxo costumam ser chamados também de *super all-inclusive*** porque os produtos do frigobar, o serviço de quarto 24 horas e até mesmo as gorjetas estão incluídos no valor pago pela viagem.

Cruzeiros de exploração

✔ **São chamadas cruzeiros de exploração as viagens de navio em que o foco não é a experiência a bordo,** e sim a exploração dos destinos visitados nas escalas. São exemplos desse tipo de cruzeiro as viagens da Hurtigruten para a Antártida ou entre os fiordes noruegueses e da Cruceros Australis à Terra do Fogo.

✔ **Nesses roteiros, normalmente há pouco ou nenhum entretenimento a bordo,** à exceção de palestras, documentários e minicursos. As refeições estão incluídas, mas nem todos operam em sistema *all-inclusive* – a Hurtigruten, por exemplo, cobra pelas bebidas e pelos passeios nas escalas; a Cruceros Australis não cobra nem por uma coisa nem por outra.

✔ **O público desse tipo de cruzeiro não está interessado em noite de gala,** nem em ficar torrando na beira da piscina, nem em ver *shows* depois do jantar. O propósito principal costuma ser desfrutar de cada escala e do meio ambiente que a cerca, como fazer trilhas pela Patagônia, visitar colônias de pinguins, ir de barco ou bote até as geleiras etc. A experiência torna-se o roteiro, e não a viagem em si – talvez por isso mesmo, e pelo fato de os cruzeiros estarem há pouco tempo presentes nas férias dos brasileiros, esse tipo de viagem ainda não faz muito sucesso por aqui.

Travessias

✔ **Chamamos "travessias" os cruzeiros que literalmente cruzam o oceano** de um continente a outro – de maneira geral o Atlântico, entre a Europa e a América.

- **Essas viagens são longas** (entre quinze e vinte dias, em média) e acontecem no começo e no fim de cada temporada de cruzeiros – a temporada na América do Sul, por exemplo, acontece de outubro-novembro até abril-maio, enquanto a europeia vai de março-abril a outubro-novembro (na costa mexicana e em grande parte do Caribe, a temporada acontece ao longo do ano, de maneira quase ininterrupta). Essas viagens normalmente acontecem nesses meses de transição, quando os navios "se mudam" de um continente a outro.

- **As travessias atraem um tipo de público diferente** – poucas famílias (é raro haver crianças) e grupos de amigos; muitos casais, viajantes solo, fãs da navegação e pessoas mais interessadas em desfrutar do *relax* e do conforto do navio e em explorar cada parada. Há um clima mais sossegado nas piscinas, nos restaurantes, nos bares; bastante diversidade de escalas; vários dias de navegação consecutivos, sem escalas (dependendo do roteiro, de três até seis dias seguidos), e uma interação maior entre os passageiros, dado o longo tempo da viagem.

Cruzeiros de volta ao mundo

✔ **Não existe, definitivamente, opção mais confortável para dar a volta ao mundo do que a bordo de um cruzeiro.** Como as companhias que oferecem esses roteiros são as de luxo, essa também é a forma mais exclusiva de conhecer os quatro cantos do planeta.

✔ **Normalmente, um cruzeiro de volta ao mundo tem duração de mais ou menos 120 dias consecutivos** — por isso mesmo, o custo de uma viagem como essa costuma ser bastante elevado. Cada companhia de cruzeiros tem um roteiro diferente em termos de destinos e duração total, mas a maioria gira em torno de quatro meses e inclui destinos em pelo menos quatro continentes.

✔ **A pesquisa cuidadosa no *site* das empresas que dispõem desses roteiros garante a escolha consciente,** de acordo com os destinos mais interessantes para cada passageiro – há roteiros que privilegiam mais destinos europeus, outros asiáticos, outros americanos... As escalas costumam ser breves, como acontece com a maioria dos cruzeiros, mas em alguns destinos existem companhias que fazem escalas de dois dias, para que o passageiro possa aproveitar ao máximo as atrações locais.

✔ **Apesar de os valores de um cruzeiro de volta ao mundo serem bastante altos,** incluem todas as despesas a bordo, visto que somente cruzeiros *super all-inclusive* fazem esses roteiros. Apenas as excursões em terra, durante as escalas, ficam a cargo do passageiro na maioria dos casos.

✔ **Dar a volta ao mundo de navio é uma opção extremamente segura e confiável,** já que em qualquer tipo de destino você contará com a assistência e o suporte do *staff* do navio, seja qual for a língua, a religião ou a cultura do local em questão. Mas fique atento à necessidade de vistos e vacinas que esse tipo de roteiro costuma exigir, já que todas essas questões burocráticas são de responsabilidade do próprio passageiro.

3
NA HORA DA COMPRA

Como em qualquer tipo de viagem, antes de comprar um cruzeiro é necessário reunir o máximo possível de informações referentes à companhia (também chamada de armadora), ao navio em si, aos produtos e tipos de cabine oferecidos, ao roteiro etc. Muitas vezes, viajantes indecisos entre dois cruzeiros aparentemente muito semelhantes acabam tomando a decisão com segurança após analisar todos os itens a seguir.

A escolha da cabine

✓ **Assim como num hotel, o navio também tem diferentes acomodações** – *standard*, luxo e suíte –, além de opções com ou sem vista para o mar – cabines externas ou internas –, e ainda há aquelas com varanda. O valor de cada uma é bastante distinto.

✓ **As cabines internas são as mais baratas** e, em geral, têm o mesmo tamanho das externas *standard*, mas sem nenhum tipo de vista ou janela. Muita gente fica assustada com a ideia da cabine interna, achando que pode sofrer de claustrofobia por estar num lugar sem janelas – mas, pensando bem, quem tem cabine externa sem varanda não pode abrir as janelas.

✓ **As cabines externas costumam ser subdivididas** em externas com janela (e às vezes com escotilha, nos andares mais baixos) e externas com varanda, as quais costumam ter área maior. Além das cabines *standard*, há navios que oferecem ainda a opção luxo, com mais espaço e mais recursos além da varanda, e toda embarcação oferece também suítes, que contam com hidromassagem, sala de estar e outros mimos.

✔ **As cabines em deques mais altos costumam ser mais procuradas** e, por isso mesmo, são mais caras em algumas companhias. A vantagem delas é ficar mais próximo, em geral, do centro de lazer e entretenimento do navio e ter mais tempo para o desembarque no porto final da viagem.

✔ **Quem sofre de labirintite ou enjoos deve escolher cabines localizadas mais ou menos no meio do navio,** em deques centrais ou mais baixos. Essa localização faz com que a sensação de balanço ao longo da viagem seja muito menor, assim como seus possíveis efeitos no organismo. Quanto mais alto for o deque e mais perto for a cabine da proa ou da popa, maior a sensação de oscilação ao longo da viagem.

- ✔ **Também é importante notar que todo navio possui pouquíssimas cabines _single_.** Em geral, são apenas duas ou quatro e, por isso mesmo, elas estão entre as primeiras a ser vendidas. Se você estiver viajando sozinho e essas cabines já estiverem esgotadas, será preciso desembolsar o valor de uma cabine dupla para a viagem.

- ✔ **A maioria dos navios também possui algumas cabines triplas ou quádruplas,** e vários roteiros oferecem cortesia para o terceiro ou quarto passageiro na mesma cabine. Verifique essa disponibilidade com seu agente de viagens, caso você vá viajar em turma ou com a família.

- **Por motivos de segurança, não é permitido o uso de aparelhos elétricos na cabine,** especialmente ferro de passar roupa. As exceções são secador de cabelo, disponível em todas as cabines, barbeador elétrico e depilador.

- **Embora a fiscalização muitas vezes não seja rigorosa,** geralmente é proibido embarcar, até por questões sanitárias, com bebidas alcoólicas e não alcoólicas (e drogas também, obviamente).

- **As cabines possuem cofre,** já que, assim como nos hotéis, nenhum navio se responsabiliza por objetos e valores deixados no quarto. Há alguns casos em que os cofres estão disponíveis na recepção e não na cabine. Use sempre o cofre, ou tranque os objetos de valor dentro da mala, com cadeado.

Programas de fidelidade

- **Muitas companhias de cruzeiros oferecem programas de fidelidade para viajantes frequentes.** Como acontece com as companhias aéreas, quanto mais você viajar pela mesma armadora, mais descontos e benefícios passa a ter. Não é possível resgatar cruzeiros grátis, mas descontos progressivos e muitos agrados a bordo são prática comum em algumas empresas, como cesta de frutas ou garrafa de espumante no quarto, foto com o comandante (!), desconto nas compras a bordo etc.

- **Ao viajar pela primeira vez numa companhia de cruzeiros,** não se esqueça de solicitar a adesão ao programa de fidelidade, sempre gratuita, mesmo que inicialmente não tenha intenção de viajar em cruzeiro novamente. A gente sempre pode mudar de ideia.

Seguro-viagem

✔ **Assim como em qualquer viagem, adquirir um seguro antes de embarcar é item de primeira necessidade.** É importante lembrar que, caso você se sinta mal durante o percurso, deverá obrigatoriamente ser atendido pelos médicos do navio, já que estará em pleno mar. Os preços praticados no cruzeiro são taxados em moeda estrangeira, e uma simples intoxicação alimentar pode custar facilmente mais de mil dólares.

✔ **Para não fazer um atendimento médico simples custar mais que a viagem, invista num seguro-viagem específico para cruzeiros.** São muitas as empresas que oferecem esse serviço, e o valor médio para uma semana fica próximo de oitenta dólares – os valores variam bastante em função das coberturas praticadas e dos serviços oferecidos. Confira com seu agente de viagens a melhor opção para o seu caso. E, felizmente, muitas companhias de cruzeiros já estão incluindo um seguro-saúde básico no valor do pacote, o que diminui ainda mais a burocracia.

Na hora de embarcar

✔ **Procure chegar ao porto de embarque por volta de dez ou onze da manhã,** a fim de evitar filas. Quem embarca no porto de Santos, o principal do país, costuma esperar horas na fila antes de poder fazer o *check-in* – quem chega antes embarca antes. Como cada companhia tem critérios, horários e procedimentos diferentes para *check-in* e embarque, vale consultar o *site* da empresa ou seu agente de viagens para se informar corretamente com antecedência.

✔ **Há companhias que oferecem, por um valor extra, a possibilidade de fazer um pré-*check-in*** e subir no navio antes dos demais passageiros. Consulte seu agente de viagens se estiver interessado nessa opção.

✔ **Muitas empresas de cruzeiros costumam incluir no pacote o almoço do dia do embarque;** quanto antes você embarcar, mais tranquilamente almoçará no navio. Se chegar muito tarde para o *check-in*, provavelmente perderá essa refeição.

✔ **Embarcando cedo, você também pode começar a explorar as instalações do navio enquanto não há muita gente a bordo.** Esse primeiro passeio pela embarcação, mais superficial e com o navio mais vazio, é extremamente útil para efeito de localização nos dias seguintes, sobretudo em navios maiores.

✔ **Em geral, um pouco antes de o navio zarpar, é obrigatório comparecer para a demonstração das instruções de segurança a bordo,** para casos de emergência. Ao contrário do avião, em que apenas os comissários representam os procedimentos, no navio os passageiros também devem participar da simulação. O procedimento padrão inclui dicas importantes e necessárias, e é obrigatória a participação de todos os passageiros, mesmo crianças e idosos.

✔ **Em geral, o *check-in* é feito quatro horas antes da saída do navio, e o *checkout* logo cedo, no último dia de viagem.** Vale lembrar que, na noite anterior ao desembarque, é preciso deixar as malas nos corredores, do lado de fora da cabine.

A escolha do roteiro

✔ **A escolha do cruzeiro não deve se basear unicamente no valor da viagem,** mas também nos destinos que serão visitados ao longo do roteiro. Você estará todos os dias no mesmo hotel flutuante, mas pode – e deve – escolher para onde quer viajar e que cidades ou países gostaria de visitar.

✔ **Em primeiro lugar, use e abuse da sua agência de viagens de confiança.** Um bom agente de viagens é um dos melhores amigos de qualquer viajante – ele pesquisa as melhores ofertas para você, conhece bem o funcionamento do setor (qualidade e confiabilidade das operadoras, por exemplo) e ainda representa segurança na hora da escolha final e no caso de haver algum imprevisto durante a viagem.

✔ **Verifique, antes de partir, todos os destinos envolvidos nas escalas da sua viagem.** Estabeleça metas e prioridades entre os destinos que gostaria de conhecer, para que possa aproveitar de fato cada parada. Pesquise as principais atrações e como se deslocar em terra para otimizar o passeio, visto que o tempo de duração das escalas é curto. Cuidado para não perder a hora! O navio não espera por passageiros atrasados.

✔ **Use e abuse da Internet –** nada no mundo de hoje é tão fundamental para o viajante quanto a rede. Lá você simula e compara preços antes de contratar o cruzeiro, colhe informações e depoimentos em revistas e *blogs* e planeja em detalhes todos os passeios em terra que fará ao longo da viagem.

✔ **Lembre-se sempre da máxima "Quanto antes, melhor".** Ela também é válida para cruzeiros, pois quem reserva antes sempre sai ganhando nos preços e condições de parcelamento. As promoções do tipo 2 por 1, por exemplo, em que dois hóspedes viajam pelo preço de um, costumam acontecer muitos meses antes da partida do navio.

✔ **Há opções de cruzeiros em quase todas as partes do mundo,** desde a Antártida até o Alasca e os fiordes noruegueses, passando por destinos paradisíacos no Caribe e no Mediterrâneo. Cruzeiros pela Patagônia, por roteiros exóticos – como os Emirados Árabes – e pela Ásia também incluem inúmeras opções de destinos. Procure aliar a experiência de viajar de navio a um destino que você gostaria de conhecer – sobretudo aqueles mais remotos, em que chegar de trem ou avião é mais complicado ou muito custoso.

✔ **Na hora de escolher o roteiro, leve em consideração suas preferências,** como em qualquer viagem, e também a estação do ano – não faz sentido um cruzeiro pelas paradisíacas ilhas gregas em pleno inverno rigoroso, certo?

✔ **A maioria dos brasileiros que decide fazer um cruzeiro opta por roteiros na costa brasileira** ou pela América do Sul. Dou aqui algumas sugestões para você definir o roteiro que mais combina com o seu perfil:

- Quem só quer "experimentar um cruzeiro", para saber como é esse tipo de viagem, pode optar pelos minicruzeiros de três ou quatro noites pela costa brasileira, que costumam ter preços baixos e passageiros interessados em conhecer o navio, e não os destinos das escalas.
- Quem quer uma viagem de verão deve procurar os cruzeiros pelo Nordeste, que permitem conhecer, numa única viagem, muitas das praias mais bacanas da região, numa estação em que as chuvas não são tão comuns por lá.
- Quem prefere viagens mais cosmopolitas pode escolher um cruzeiro pela América do Sul, com passagens pelo Uruguai, Argentina e Chile e destaque, em geral, para a gastronomia e as visitas aos parques e centros históricos das cidades.
- Quem gosta de viagens de exploração, *trekking*, aventuras e contato muito próximo com a natureza pode in-

vestir em cruzeiros pela Patagônia Chilena e Patagônia Argentina, assim como nos exclusivos roteiros pela Antártida.

- Quem busca algo mais exótico pode considerar um dos cruzeiros pelo rio Amazonas, que oferecem cenários inigualáveis ao longo da viagem e contato próximo com a natureza diariamente, chegando a lugarejos que por via terrestre seria bastante complicado alcançar.

Quando viajar?

✔ **A escolha da época para viajar varia em função da disponibilidade do passageiro e da validade do roteiro.** Cruzeiros pela costa brasileira, por exemplo, só operam de outubro-novembro a abril-maio; roteiros pela Patagônia e Antártida costumam estar disponíveis somente nos meses do verão; no Mediterrâneo, durante a primavera e o verão europeus; já cruzeiros pelo Caribe estão disponíveis durante praticamente o ano todo.

✓ **As melhores estações para conhecer qualquer lugar,** sobretudo destinos com estações do ano bem definidas, são a primavera e o outono, com temperaturas mais amenas, preços mais baixos e filas menores nas atrações mais concorridas. Entretanto, são poucas as pessoas que têm a sorte de poder viajar na baixa temporada, e alguns destinos não têm opções de cruzeiro nessa época.

✓ **Se possível, evite cruzeiros pela Europa ou Estados Unidos no mês de agosto,** que coincide com as férias locais. Além dos preços bem mais altos, fica muito mais difícil transitar nas cidades turísticas durante as escalas.

✓ **Se você vai viajar numa época em que é comum chover nas escalas do seu roteiro,** leve um bom livro e informe-se sobre todas as atividades que podem ser feitas dentro do navio e nas escalas independentemente da chuva, como visitas a museus. Assim você não vai sentir que a chuva está "atrapalhando" seu roteiro.

✔ **Evite programar cruzeiros pelo Caribe durante a temporada de furacões,** que pode ir de junho a novembro. Analise em detalhes o roteiro e verifique se a época da viagem não coincide com a temporada de furacões em nenhuma das ilhas visitadas. A probabilidade de sua viagem ser afetada por um furacão é mínima, mas não vale a pena arriscar, certo?

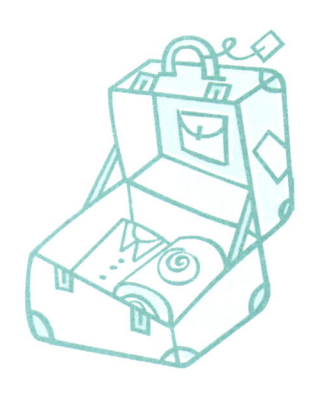

4
MALAS

Fazer as malas para qualquer viagem costuma gerar apreensão. Fazer as malas para embarcar num cruzeiro costuma deixar mais dúvidas ainda, visto que existem diferentes eventos e níveis de formalidade dentro dos navios – roupas de banho e descontraídas para o dia a dia a bordo, traje formal para as noites de gala, traje social para o período noturno, roupas especiais para desembarque em cruzeiros de exploração, noite do branco etc.

No critério excesso de bagagem, em que os brasileiros costumam ser campeões, não deve haver problema no cruzeiro, já que o limite de bagagem transportada individualmente pode chegar a noventa quilos por passageiro, dependendo do roteiro. Mas não é porque "está liberado" que vale a pena levar excesso de volume – até porque o espaço dentro das cabines é diminuto na maioria dos navios.

Fazendo as malas

Para não transformar o ato de fazer as malas numa tarefa ingrata nem exagerar no tamanho, levando muito mais peças do que vai de fato usar, pense nestas sugestões:

✓ **Quando for fazer as malas, separe em cima do sofá ou da cama as roupas, sapatos e acessórios que quer levar.** Depois que estiverem todos separados, retire 30%

e coloque somente o que restou dentro da mala. Essa técnica vale para qualquer tipo de viagem e é sempre eficiente – e ainda sobra espaço para as compras que você fizer nos destinos.

✔ **Para garantir que sua mala fique enxuta mas eficiente, procure escolher apenas peças úteis,** que não amassem e de preferência que combinem entre si – cores neutras funcionam melhor. Leve alguns acessórios e uma ou outra peça colorida para variar o visual, e sapatos confortáveis para usar durante as escalas.

✔ **Monte sua *nécessaire* com sabonete,** xampu, pasta e escova de dentes, fio dental, muito protetor solar, hidratante, cotonete, *kit* de costura e todos os demais itens fundamentais para sua higiene pessoal. A farmacinha básica para viagens também é essencial, com analgésicos, *band-aids* e vitamina C, entre outros medicamentos que você esteja acostumado a tomar.

O que levar na bagagem?

Para não cometer gafes dentro e fora do navio e evitar imprevistos durante a viagem, eis algumas dicas a mais sobre o que colocar dentro da mala para embarcar no navio:

✔ **Como em qualquer viagem, é imprescindível levar uma bagagem de mão ao embarcar num cruzeiro marítimo.** Da mesma maneira que, ao embarcar num avião, levamos alguns itens conosco (os de maior valor e importância, além de uma muda de roupa), os cruzeiros também requerem essa medida para evitar imprevistos. As malas despachadas podem, em alguns casos, chegar à cabine somente no comecinho da noite.

- ✔ **Portanto, uma troca de roupa** – incluindo traje de banho, caso você tenha planos de aproveitar de cara a piscina –, medicamentos e artigos de higiene e de primeira necessidade, além de dinheiro, *gadgets* e objetos de valor, devem embarcar com você na bagagem de mão.

- ✔ **O tamanho limite das bagagens a ser despachadas** costuma obedecer às mesmas dimensões internacionais praticadas em viagens de avião. Entretanto, verifique no *voucher* de viagem o padrão da companhia, já que a determinação pode variar de um navio para outro.

- ✔ **Durante o *check-in*, as malas são colocadas, assim como nos aeroportos, em esteiras rolantes** e depois armazenadas em *containers* que serão colocados dentro do navio antes de zarpar. Como, ainda que muito raro, é possível haver extravio de bagagem – em alguns dias, até seis navios zarpam quase que simultaneamente –, fique atento enquanto suas malas estiverem se deslocando na esteira, para ter certeza de que elas serão de fato embarcadas. E sempre, sempre, sempre etiquete a bagagem corretamente.

- **Cruzeiros na costa brasileira e no Caribe pressupõem muitos trajes de praia e roupas leves.** Mas é bom levar também um casaco fino, mesmo no verão, já que à noite pode esfriar. Em outros destinos, consulte sempre a previsão de temperatura local para o período da viagem antes de fazer as malas.

- **Também é preciso se informar sobre os trajes noturnos, já que isso varia muito.** Há navios mais informais, em que só são vetados bermudas, regatas, chinelos e *jeans* no jantar, mas há aqueles que exigem traje social e proíbem também tênis, e outros que exigem até traje de gala na noite do comandante. Mais uma vez: é preciso se informar direitinho sobre o produto que você está comprando antes de fechar o pacote.

✔ **Muitos cruzeiros promovem festas temáticas ao longo do roteiro,** como noite do branco ou festa à fantasia. Se você curte participar de brincadeiras desse tipo, lembre-se disso antes de fechar o zíper da mala.

✔ **Ao embarcar, a bagagem de mão passa pelo raio X,** da mesma forma que num aeroporto. Esse procedimento acontece toda vez que você retorna a bordo, por questões de segurança.

✔ **Muitas companhias proíbem a entrada no navio de bebidas compradas em terra.** Informe-se antecipadamente sobre as regras e não insista caso haja proibição. Ainda assim, levar um vinho ou champanhe para comemorar aniversário de casamento, por exemplo, é quase sempre permitido.

- **Não esqueça, é claro, seus remédios, *nécessaire* completa e demais objetos pessoais,** como tocador de MP3, máquina fotográfica e *laptop*. Verifique se os carregadores de bateria/pilha e todos os cabos dos equipamentos também estão sendo levados, para não ter surpresas desagradáveis a bordo. Adaptadores de tomada são necessários em alguns navios.

- **O limite de bagagem por passageiro varia em função do navio e do roteiro.** A maioria das companhias fixa o limite em noventa quilos por hóspede. Entretanto, há cruzeiros pelo Caribe e pela costa brasileira em que esse limite é diminuído para 32 quilos por passageiro. Se sua viagem inclui trechos aéreos além do cruzeiro, fique atento também ao limite imposto pela companhia aérea (em trechos nacionais, geralmente apenas vinte quilos).

✔ **Não se esqueça de identificar suas malas, com etiquetas com seus dados completos.** Também é importante colar na bagagem o adesivo entregue pela companhia de cruzeiros – ele contém o número da cabine e o nome do hóspede e contribui para evitar perda ou extravio.

Sugestões de trajes

✔ **Durante o dia:** com tempo bom, sandália, chinelo, bermuda, camiseta, vestido – trajes bastante informais. Traje de banho, por favor, somente na área da piscina.

✔ **Almoço:** no bufê à beira da piscina, saída de banho ou roupa estilo *resort*; no restaurante, nada de saída de praia e chinelo, embora o estilo *resort* seja permitido. (Convencionou-se chamar de "estilo *resort*" roupas como bermudas, camisetas, vestidinhos descompromissados etc.)

- ✔ **Show a bordo:** traje passeio, sem formalidades.

- ✔ **Jantar:** vestido, top com calça, saia ou pantalona para as mulheres; calça e camisa para os homens. Nada de bermuda e regata – e chinelo, nem pensar!

- ✔ **Jantar de gala:** para as mulheres, vestido longo; para os homens, terno e gravata ou *black tie*. Nesse caso, vale cuidar também do visual das crianças.

Documentação

- ✔ **Antes de embarcar num cruzeiro,** assim como em qualquer viagem de carro, ônibus ou avião, é essencial que você verifique se sua documentação está em ordem. Embarcar num cruzeiro também pressupõe cuidar de *vouchers* e outros documentos para o embarque, que podem variar de uma companhia para outra.

- **Para embarcar em cruzeiros com destinos nacionais,** basta a apresentação do RG (com menos de dez anos de emissão) ou da carteira de habilitação (dentro da data de validade), mais o *voucher* (documento que sua agência de viagens lhe entregou para confirmar a aquisição do cruzeiro). Alguns destinos, como o rio Amazonas, exigem também o certificado de vacina contra a febre amarela, que pode ser tomada em qualquer posto da Anvisa, presente em todos os aeroportos do país.

- **Em destinos internacionais,** é fundamental a apresentação do passaporte, do *voucher* e dos vistos necessários para as escalas, assim como dos certificados de vacinação correspondentes.

- **Procure manter todos os documentos de que você necessita para o roteiro juntos** – numa pequena pasta, por exemplo –, para facilitar a localização quando do for necessário apresentá-los. Uma cópia da

carteirinha do seguro-saúde deve ser
guardada no mesmo local, para evitar imprevistos – a original deve ficar sempre com você.

✔ **Se seu cruzeiro for passar por outros países,** vale levar
os telefones e endereços das embaixadas e consulados brasileiros nesses destinos, como medida de segurança.

5
EM ALTO-MAR

É verdade que enjoa?

A quantidade de pessoas que sentem medo ao viajar de navio, curiosamente, é muito pequena em relação às que têm fobia de voar. Até hoje nenhum especialista conseguiu realmente compreender esse fato, mas acredita-se que o entretenimento intenso e variado dos navios contribua definitivamente para que quem de início sentiu medo o esqueça rapidamente com a distração constante.

A maioria das pessoas que viaja de navio – especialmente quem embarca num cruzeiro pela primeira vez – teme mesmo passar mal com tonturas e enjoos ao longo da viagem. A boa notícia é que são poucos os passageiros que passam mal durante as viagens marítimas. A maioria, tanto no Brasil como no mundo, se mantém tão entretida – seja com as atividades recreativas ou mesmo lendo um bom livro – que mal se recorda que está num gigantesco hotel flutuante sobre águas.

Vale lembrar, entretanto, que, se você é do tipo que enjoa fácil quando desce a serra de carro, a probabilidade de se sentir mareado no cruzeiro é grande. O navio balança enquanto navega, claro, afinal o mar está em constante movimento, e há áreas em que as ondas são mais altas e agitadas, provocando maior oscilação da embarcação. Mas isso não deve, de maneira nenhuma, impedi-lo de aproveitar ao máximo sua viagem – até porque, para segurança, todo navio possui uma série de estabilizadores para mantê-lo sempre "no lugar".

Não é à toa que a palavra "náusea" vem do radical *naus*, que significa navio – imagine como os marujos sofriam nas antigas embarcações, na época das grandes navegações. Mesmo com todos os moderníssimos estabilizadores eletrônicos utilizados nos navios de última geração para reduzir a sensação de balanço no cruzeiro, é normal as pessoas se sentirem mareadas, especialmente nos primeiros dias de viagem – mas isso não significa passar mal ou desperdiçar a viagem.

O que fazer em caso de enjoo?

Se você é do tipo que enjoa muito quando desce a serra ou passeia de escuna, reflita bem se vale a pena embarcar num cruzeiro. Mas se, como a maioria, seu organismo apenas estranha a movimentação do navio nos primeiros dois dias de viagem, lembre-se:

✔ **O enjoo se manifesta de maneira diferente de uma pessoa para outra.** Algumas sentem apenas uma leve indisposição estomacal, enquanto outras apresentam palidez, suor frio, dor de cabeça e até tontura e vômito.

✔ **Muito mais eficiente do que tentar interromper os sintomas do enjoo é evitar seu aparecimento.** Como a maioria dos medicamentos anti-histamínicos atua na prevenção e não no tratamento dos sintomas, procure ingeri-los sempre que o navio zarpar, antes do jantar, já que à noite as oscilações do navio costumam ser mais intensas.

- **Os remédios para enjoo pertencem a duas categorias:** anti-histamínicos e escopolamina, que inibem impulsos nervosos do ouvido para o cérebro. É comum esses medicamentos aumentarem a sensação de sono – por isso, não exagere na dose para não acabar dormindo muito e perdendo o melhor da viagem.

- **Nunca tome um medicamento pela primeira vez dentro do navio.** Se você acha que vai ficar enjoado durante a viagem, experimente o medicamento recomendado por seu médico uma semana antes de embarcar, para conferir se há algum efeito colateral.

- **Lembre-se da dica da escolha da cabine:** quanto mais ao centro do navio, menor a possibilidade de incômodo. Se esse não for o caso da sua cabine, procure permanecer em áreas comuns nesse ponto da embarcação quando estiver enjoado.

Se você já estiver sentindo enjoo:

- **Estabeleça uma referência visual o tempo todo.** Não se movimente muito e procure passar a maior parte do tempo sentado, não deitado, de preferência com o olhar fixo em um objeto ou um item da paisagem.

- **Se você decidir ficar na cabine, não adormeça totalmente deitado.** Utilize sempre dois travesseiros para se manter recostado, com a cabeça elevada.

- **Não beba álcool –** a bebida alcoólica agrava a desorientação e o mal-estar provocados pelo enjoo. Bebidas com gás também devem ser evitadas.

- **Ingira pouco líquido e mantenha o estômago cheio,** sobretudo de carboidratos, de preferência salgados, como biscoitos no lanche e massas nas refeições principais. A ideia de que, porque se está enjoado, não se deve comer, assim como a de beber

muito líquido, é errônea em se tratando de enjoos em alto-mar (não é à toa que os navios oferecem inúmeras refeições).

- **Se o caso for extremo, entre na piscina.** A água provoca sensação de conforto e estabilidade do labirinto para a maioria das pessoas.

- **Mantenha-se ativo durante os dias de navegação, mas não exagere.** O excesso de movimentação, especialmente nos deques mais altos do navio, afeta o labirinto e pode aumentar a sensação de tontura e mal-estar. Se resolver praticar exercícios, pegue leve – normalmente a academia do navio fica no último deque, o que mais balança.

- **Desça do navio nas paradas.** Isso é imprescindível – o corpo humano precisa vez ou outra de contato com a estabilidade do chão firme para não agravar a sensação de tontura constante ao término da viagem. Ao longo do cruzeiro, você vai passar mais horas no balanço do mar do que em terra firme; procure equilibrar essa equação o máximo que conseguir. Até porque, descendo nas paradas programadas para o roteiro, você aproveita para conhecer ou rever os destinos visitados.

✔ **Se o mal-estar for persistente... tente relaxar e aproveitar,** usufruindo dos momentos de *relax* e atividades de entretenimento. Quanto mais atividades preencherem seu dia, menor a probabilidade de você se lembrar do enjoo. Mas, se forem excessivamente perturbadores, procure o médico do navio.

Dinheiro a bordo

✔ **A questão financeira sempre nos preocupa quando embarcamos numa viagem,** sobretudo se for internacional. Por isso, vale lembrar que as águas são consideradas território internacional, portanto as mercadorias a bordo são taxadas na moeda correspondente à companhia detentora do cruzeiro. Há navios que cobram em euros e até em coroas norueguesas, mas a grande maioria pratica seus preços em dólar.

- ✔ **Tenha isto em mente antes de sair consumindo desenfreadamente no navio:** o valor total do consumo durante o cruzeiro, sobretudo de bebidas e cassino, costuma ser uma surpresa nada agradável para os hóspedes ao fim da viagem.

- ✔ **Para pagar suas contas dentro do navio,** você precisa levar dinheiro (dólar americano para a maioria dos navios) ou um cartão de crédito internacional (cartões sem a chancela "internacional" não são aceitos por nenhuma companhia). Alguns navios que operam na costa brasileira durante o verão aceitam também pagamento em reais – informe-se antes.

- ✔ **Para quem prefere pagar em dinheiro,** normalmente é exigido, no embarque, um depósito em valor predeterminado pela companhia. Ao fim do cruzeiro, caso haja sobra de dinheiro, o valor é devolvido ao passageiro; caso haja débito pendente, ele deverá pagar a diferença antes de desembarcar.

- ✔ **Quem optar pelo pagamento com cartão de crédito deve simplesmente fornecer o número do cartão no embarque** e, ao fim do roteiro, assinar a fatura correspondente aos gastos do período, que serão debitados no cartão no mês seguinte. Verifique sempre os gastos relacionados na fatura antes de assiná-la.

- ✔ **Leve também dinheiro na moeda praticada nas escalas** – se seu cruzeiro é no Brasil, leve reais para gastar nas paradas; se é na Europa, leve euros, e assim por diante. Fazer o câmbio de moedas a bordo não costuma ser vantajoso, assim como acontece nos hotéis.

Compras a bordo

Mesmo num cruzeiro, o consumo é ato primordial para alguns passageiros; afinal, há *free shops*, perfumarias e lojas de lembrancinhas em qualquer embarcação. Antes de sair por aí esbanjando, tenha em mente o seguinte:

✔ **A maioria dos navios possui *free shop*,** mas o preço praticado geralmente é superior ao das lojas dos aeroportos.

✔ **O limite de compras em viagens marítimas internacionais normalmente é de quinhentos dólares por pessoa,** somando os gastos feitos no navio e em terra.

Verifique essa informação antes do embarque – há roteiros em que o limite é menor – e mantenha-se dentro do valor predeterminado, para não ter que pagar imposto sobre as mercadorias ao desembarcar – 50% sobre o valor que exceder o teto de quinhentos dólares ou 100% a mais, caso você tente passar com excesso de mercadorias sem declará-las.

✔ **Invista mais nas compras nas escalas do cruzeiro do que a bordo.** As compras realizadas nas escalas costumam ser mais típicas e interessantes e, sobretudo, bem mais baratas.

Comunicação a bordo

✔ **Não existem companhias de cruzeiros brasileiras.** Assim, a língua oficial a bordo dependerá da nacionalidade do navio em que você escolheu embarcar – embora o inglês seja falado pelos tripulantes de qualquer navio, e muitos falem também espanhol. Os roteiros na costa do Brasil geralmente têm grande parte da tripulação composta por brasileiros, e os demais tripulantes muito gentilmente se esforçam para entender e falar o básico da nossa língua.

✔ **A tripulação é composta por gente das mais diferentes nacionalidades.** Lembre-se de que, assim como você não é obrigado a falar corretamente outra língua, ninguém é obrigado a falar a sua. Gentileza gera gentileza, sempre.

✔ **Seja qual for seu roteiro, prepare-se para fazer pedidos e solicitar informações em outro idioma –** o inglês é praticado em navios no mundo todo –, ou use de boa educação e um pouco de mímica caso não fale nenhuma outra língua além da nossa. Há passageiros que se irritam facilmente em cruzeiros pelo litoral brasileiro ao, por exemplo, ser atendidos no jantar por um garçom coreano que não entende português. Educação é a chave de tudo, em qualquer circunstância.

✔ **Aproveite a diversidade étnica, cultural e de nacionalidade a bordo** para trocar ideias com outros passageiros e mesmo com os tripulantes. Ao fim do cruzeiro, a bagagem cultural adquirida em conversas (mesmo que permeadas de mímicas!) com pessoas de outras nacionalidades costuma ser uma das melhores lembranças do viajante.

✔ **Para se comunicar do alto-mar com amigos e familiares,** você pode utilizar o telefone da cabine, o cybercafé do navio ou seu celular, se sua operadora tiver acordo de *roaming* internacional com a embarcação. Se não quiser gastar muito, espere para se comunicar com entes queridos nas escalas – os custos de Internet e de chamadas telefônicas dentro do navio, até mesmo pelo *roaming* do seu aparelho, costumam ser excessivamente altos.

✔ **É comum ver famílias e grupos extensos de passageiros optarem por usar rádio ou *walkie-talkie* a bordo.** Como os navios são geralmente bem grandes, e desde que o volume com que se fala nesses aparelhos não perturbe a paz dos demais hóspedes, pode ser uma saída para que, por exemplo, todos se encontrem no mesmo restaurante para almoçar.

Entretenimento a bordo

✔ **São inúmeras as atrações de lazer e entretenimento disponíveis no navio,** embora variem muito de uma embarcação para outra.

✔ **Fato comum é que todo cruzeiro tem seu cassino.** Ele abre apenas quando o navio está em alto-mar, já que o funcionamento nos portos é proibido. Em todos os navios há instrutores que ensinam aos hóspedes os jogos de mesa, e alguns oferecem até pequenas aulas sobre os jogos mais disputados. A permanência de menores de idade no cassino só é permitida nos caça-níqueis.

✔ **Se você gosta de jogos de cartas informais,** mas não quer gastar muito na viagem, leve seu próprio baralho para não precisar pagar pelo uso de um.

✔ **Se você vai fazer um cruzeiro pela primeira vez e não tem certeza se terá vontade de participar das atividades propostas a bordo,** leve um bom livro e seu tocador de MP3, infalíveis caso você não goste do entretenimento oferecido.

✔ **Bingos, *quizzes*, jogos de adivinhação, degustação de vinhos, aulas de culinária e gincanas estão entre as atividades mais frequentemente oferecidas pelos cruzeiros,** dependendo do estilo de cada roteiro e companhia. Você pode conferir as atividades que serão oferecidas pelo navio no *site* da companhia, antes de embarcar, ou diariamente, no jornalzinho de bordo deixado na cabine.

- ✔ **Academia, *spa* e salão de beleza fazem parte das instalações de todo navio,** assim como piscinas e *jacuzzis*. O uso do salão de beleza e do *spa* é sempre cobrado à parte. Navios mais novos podem oferecer também pista de corrida, quadra de esportes e até parede de escalada.

- ✔ **O entretenimento pode ir desde espetáculos ao estilo "imitação da Broadway"** até apresentações circenses (com contorcionistas e mágicos) e musicais (de *rock*, *jazz*, tango, *country* etc.).

- ✔ **A maioria dos navios –** à exceção de muitos cruzeiros de exploração – também possui discoteca e bar com música ao vivo em diferentes ambientes.

✔ **Para aproveitar ao máximo as atrações oferecidas no navio,** leia diariamente o jornal de bordo deixado na cabine – é nele que você fica sabendo tudo que vai acontecer no dia seguinte. Tenha o jornalzinho sempre à mão, para não correr o risco de perder alguma atividade interessante.

✔ **Pergunte, pergunte, pergunte, sempre que precisar.** O *staff* do navio está ali para servir os hóspedes. Se tem dúvidas, não hesite em procurar alguém da tripulação para solucioná-las, mesmo que você não se expresse muito bem em outra língua.

A tal noite do comandante

✔ **Esse evento, comum à maioria dos navios em cruzeiros tradicionais, *all-inclusive* e *super all-inclusive* –** também chamado de noite de gala –, é a noite mais formal a bordo e requer traje social (vestido ou pantalona para as mulheres, paletó para os homens) ou de gala (vestido longo para as mulheres, terno e gravata – ou *black tie* em alguns casos – para os homens).

✔ **Há roteiros com uma única noite de gala e outros, mais longos, com até três** (em cruzeiros de uma semana, costuma haver apenas uma noite de gala ou noite do comandante). Existem também os navios muito informais e os de exploração, que simplesmente não realizam esse evento.

✔ **Nos cruzeiros em que existe a noite formal,** aqueles que não desejam participar do evento não encontrarão, obviamente, nenhum problema, já que não se trata de algo obrigatório. Mas não se pode, nessa data, jantar no restaurante principal do navio ou participar de qualquer outro evento especial da programação – em geral, coquetel e *show* – sem estar devidamente trajado. O

hóspede que não quiser participar do evento pode fazer a refeição na lanchonete informal do
navio, quando houver, ou solicitar serviço de
quarto.

A hora das refeições

✔ **Como o perfil do viajante mudou muito nos últimos anos**
– e mais ainda o perfil do viajante brasileiro –,
as companhias de cruzeiros oferecem hoje uma
gama maior de opções e instalações no que se
refere a gastronomia, com restaurantes diferentes e opções mais rápidas e descompromissadas,
como bufês, cafés, lanchonetes e até mesmo piz-
zarias. Assim, nenhum passageiro é obrigado a
fazer todas as refeições, todos os dias, no mesmo local. A variedade e a liberdade de escolha
também se tornaram aspectos fundamentais nos
cruzeiros hoje em dia.

✔ **No ato da reserva do cruzeiro,** pode-se optar, nos navios maiores, pelo primeiro turno de refeições (geralmente das 19h30 às 22 horas) ou pelo segundo (normalmente das 22h15 à meia-noite). Quem opta pelo primeiro turno assiste ao espetáculo depois do jantar; quem opta pelo segundo assiste antes.

✔ **Os hóspedes são alocados em mesas predeterminadas no restaurante do jantar** (café da manhã e almoço costumam ser livres) e, na maioria dos roteiros, devem-se respeitar rigorosamente a mesa e o turno dessa refeição, embora eventuais ajustes possam ser feitos individualmente, solicitando-se ao *maître*, sobretudo no primeiro dia da viagem.

✔ **Sabemos que, em geral, come-se – e bebe-se – muito em cruzeiros.** A quantidade de comida a ser ingerida é, obviamente, uma escolha estritamente pessoal – ainda que as refeições apareçam sempre com destaque nas programações diárias de todo cruzeiro. Seja qual for o navio escolhido, *all-inclusive* ou não, a oferta de alimentos abundante e variada é a tônica principal da maioria dos cruzeiros. Naqueles de alto luxo, até a comida disponível na cabine é ilimitada e "gratuita" 24 horas por dia.

✔ **Para compensar a comilança durante a viagem** – a maioria das companhias tem investido alto para valorizar a gastronomia a bordo –, é importante se manter fisicamente ativo nos dias com escalas e também naqueles em alto-mar – atividades esportivas costumam estar disponíveis durante o dia todo, assim como a academia. Além de ser comum ter que andar muito para se locomover por todos os ambientes da embarcação, também é possível utilizar com mais frequência as escadas do que os elevadores do navio.

✔ **O restaurante formal do navio exige traje passeio todas as noites –** nada de regata, chinelo ou bermuda (alguns restaurantes proíbem também o *jeans* – informe-se). Antes de se vestir para o jantar no navio, imagine um traje adequado para jantar num bom restaurante da sua cidade – essa é a receita para não errar. Quem não abre mão da informalidade pode optar pelo bufê *self-service*, que costuma estar disponível em todos os roteiros.

✔ **Os restaurantes formais costumam apresentar,** em todas as refeições, um *menu* fixo com opções de entrada, prato principal, salada/sopa e sobremesa. Muitos incluem também opções *light*, vegetarianas e para diabéticos.

✔ **Como a mesa do jantar é fixa,** o hóspede será atendido todas as noites pela mesma dupla de garçom e assistente.

- **Nem todo cruzeiro prima pela qualidade gastronômica,** mas a fartura é ponto essencial em qualquer um. Assim, não se envergonhe de pedir para trocar um prato que não estiver do seu agrado ou para repetir outro que tenha apreciado muito, seja qual for a companhia do cruzeiro.

- **Muitos navios oferecem – além de café da manhã, almoço e jantar –** chá da tarde e *menu* da meia-noite. Outros oferecem balcões com lanchinhos e canapés para aqueles que se esbaldaram durante a noite na boate ou no cassino. Também são cada vez mais comuns navios com lanchonetes 24 horas, sobretudo na costa brasileira.

Deslocando-se pelo navio

- **Vale lembrar que mesmo os navios menores e mais exclusivos são grandes hotéis sobre águas,** e é comum o hóspede se sentir meio perdido no primeiro dia a bordo.

- ✔ **Muitas companhias fornecem, no embarque, um cartão de bolso com o desenho dos deques** (andares) do navio e suas principais áreas comuns. E todos os deques têm, sempre próximo aos elevadores, um mapa da embarcação, para ninguém se perder.

- ✔ **Em muitos pontos da embarcação, também existem placas ilustrativas sobre os deques e os ambientes do navio,** assim como indicações com a localização numérica das cabines. Leia-as com frequência nos primeiros dias, até decorar a localização de seus ambientes prediletos.

- ✔ **Carregue sempre o cartão-chave da cabine** e mantenha anotado, à parte, o número dela, para o caso de perda.

- ✔ **Logo ao embarcar, procure fazer um *tour* de reconhecimento pelo navio.** Algumas embarcações oferecem *tours* guiados no início do cruzeiro, para que todos se ambientem no local em que viverão nos próximos dias – é importante fazê-lo, sobretudo no caso de pessoas com pouco senso de direção. Nesse primeiro contato com o navio, fica fácil memorizar onde ficam a proa e a popa, estibordo e bombordo – esses são os pontos essenciais de direção dentro do navio.

Falando nisso, a proa é a parte dianteira da embarcação, a popa é a parte traseira; estibordo, ou boreste, é o lado direito do navio, quando você está de frente para a proa, e bombordo é o lado esquerdo.

Gorjetas

✔ **A política de gorjetas varia muito de navio para navio.** Você deve ser informado pelo seu agente de viagens, ou pelo *site* em que comprou o roteiro, como ela funciona no cruzeiro em que embarcará. Se tiver dúvidas, não hesite em perguntar.

✔ **Embora os brasileiros não estejam acostumados a dar gorjetas** (o que é diferente de taxa de serviço) a garçons, *barmen* e camareiros, essa prática é muito comum no exterior, sobretudo nos Estados Unidos.

✔ **Nos roteiros *super all-inclusive*, até mesmo as gorjetas e bonificações estão incluídas no valor do cruzeiro,** e os hóspedes costumam ser desencorajados a sair distribuindo gorjetas por aí. Ainda assim, o tripulante jamais recusará uma gratificação em dinheiro.

✔ **A decisão de dar ou não gorjeta é estritamente pessoal,** e nenhum hóspede deve se sentir obrigado a dá-la ou ter medo de ser mal atendido se não o fizer. A companhia, representada por cada um de seus tripulantes, tem por obrigação fornecer um serviço impecável, independentemente do recebimento de gorjeta.

✔ **Entretanto, é prática comum nos navios, sobretudo em roteiros internacionais,** gratificar os tripulantes que superam as expectativas ou desempenham tarefas extras. Nesses casos, a prática mais comum costuma ser:

- maleteiro: um ou dois dólares por volume;
- serviço de quarto: dois dólares por serviço;
- garçom: de dois a cinco dólares por refeição, por casal (pode ser entregue também, no último dia, dentro de um envelope, um valor maior, referente a todos os dias da viagem);
- salão de beleza: de dois a cinco dólares por serviço;
- camareiro: dois dólares por cabine, por dia (nesse caso, entregue o montante referente a todo o cruzeiro já no primeiro dia).

Taxa de serviço

Em geral, a taxa de serviço diária é adicionada automaticamente à tarifa do cruzeiro, sendo calculada por pessoa e por dia de cruzeiro, e não deve ser confundida com a gorjeta. Esse valor normalmente fica entre quatro e dez dólares por pessoa, por dia. Há navios que optam por cobrar esse valor somente no fim do cruzeiro, somado às despesas a bordo. Para todo o consumo realizado a bordo, vale lembrar que os navios cobram compulsoriamente 15% a mais, referente a taxa de serviço.

6
EXCURSÕES NAS ESCALAS

Sabe-se que muitos brasileiros, sobretudo os que embarcam em seu primeiro cruzeiro, raramente descem nas escalas da viagem, tão entretidos estão com a programação e os ambientes do navio. Mas, para aproveitar de fato a viagem, por mais que esteja gostando do ambiente a bordo, é recomendável que você desça nas escalas. Você pode simplesmente descer do navio e caminhar pelas redondezas do porto, que costuma ser próximo do centrinho histórico ou comercial da cidade, ou se esbaldar na praia mais próxima.

✔ **A bordo, são vendidas excursões pelas cidades de escala** (passeios panorâmicos, visitas a praias, *tour* de compras, *tour* histórico etc.), mas vale lembrar que esses passeios são sempre cobrados em dólares ou euros, dependendo da embarcação.

✔ **Pesquise na Internet as atrações, cultura e história dos destinos envolvidos.** Verifique também, na página da companhia do cruzeiro, se as excursões oferecidas coincidem com os lugares que você gostaria de visitar.

✔ **Normalmente, os cruzeiros oferecem mais de uma possibilidade de excursão em cada porto,** muitas com duração de meio período, para que o hóspede possa optar por uma pela manhã e outra à tarde.

✓ **Antes de se decidir por esta ou aquela excursão,** informe-se sobre o percurso, a duração total da atividade e se existe alguma restrição física ao passeio – há *tours* que envolvem, por exemplo, *trekking* e não são recomendados para hóspedes com dificuldades de locomoção.

✓ **Na grande maioria dos destinos, logo ao descer do navio o passageiro é abordado por inúmeros guias e empresas oferecendo *tours*,** geralmente por valores muito menores que os praticados no navio. No caso de adquirir um desses passeios, por questões de segurança, combine previamente tudo que será visitado e o preço, e certifique-se de que a excursão retorna com bastante antecedência do horário máximo para reembarque no navio.

✓ **Você também pode comprar seu passeio antecipadamente, na Internet,** por uma agência local, para não perder tempo buscando uma excursão em paradas de curta duração. Ou simplesmente passear por conta própria, valendo-se de uma bela caminhada ou do transporte público local.

- **Em geral, a partir do deque do porto ao centro da cidade,** existe uma opção de transporte público além dos táxis, sempre disponíveis. Informe-se ao descer do navio.

- **Durante as escalas, em geral as paradas têm permanência de um único dia –** ou, a bem da verdade, de algumas horas na maioria dos roteiros. Por isso, são o que se convencionou chamar de visitas de reconhecimento, já que não se pode conhecer a fundo um destino em tão pouco tempo. Em cruzeiros pela costa brasileira, as paradas em cidades como Rio de Janeiro e Salvador costumam durar cerca de dez horas; assim como, num cruzeiro pelas ilhas gregas, você vai ficar mais ou menos esse tempo em cada uma das ilhas do roteiro, período suficiente para explorar apenas uma ou duas de suas atrações principais.

- **Toda embarcação tem um *tour desk*** (balcão de excursões), que possui mapas e descrições detalhadas de cada destino, assim como inúmeras opções de passeios em cada um deles.

- **Há destinos em que atrações interessantes ficam bem próximas do porto –** como no caso de Salvador, onde, em menos de dez minutos de caminhada depois de sair do navio, você chega ao Mercado Central e ao Elevador Lacerda, para subir ao Pelourinho. Há outros em que o porto é muito afastado do centro da cidade e as atrações mais interessantes estão distantes, requerendo ônibus ou táxi para chegar até elas. Informe-se também sobre essas condições antes de desembarcar, para evitar imprevistos. A hora de partida do navio é inalterável – se o hóspede se atrasar, ele fica em terra.

7
VIAJANDO
SOZINHO

O número de viajantes desacompanhados aumentou, e muito, nos últimos anos – inclusive mulheres, de todas as faixas etárias, que estão partindo para desbravar o mundo sem companhia. E esse novo cenário do turismo mundial não é diferente no âmbito dos cruzeiros – apesar de o público majoritário ser composto de famílias e casais, é cada vez mais frequente encontrar a bordo hóspedes viajando sozinhos.

As recomendações para quem viaja sozinho num cruzeiro são praticamente as mesmas para quem embarca em qualquer outro tipo de viagem solo:

- ✔ **Deixe um amigo ou parente informado** sobre seu itinerário – com datas e escalas – e, claro, com o número do seu celular, para que você possa ser contatado facilmente, mesmo a bordo.

- ✔ **Fique mais atento ainda a seus pertences e bagagens,** já que não tem com quem dividir essa responsabilidade.

- ✔ **Encare numa boa o fato de que viajar sozinho é mais caro –** como são raras as cabines *single* nos navios, quem viaja sem companhia normalmente arca com as despesas de uma cabine dupla.

- ✔ **Muitos viajantes independentes elegem os cruzeiros como a melhor forma de viajar;** afinal, no navio você só fica sozinho quando e se quiser. Dia e noite, não faltam opções de entretenimento em grupo, e as refeições costumam ser realizadas em mesas para seis ou oito passageiros, garantindo companhia no almoçar e no jantar.

- ✔ **Ainda assim, também não faltam espaços no navio para quem deseja ficar sozinho,** admirando a paisagem ou lendo um bom livro; também é possível optar, sobretudo no café da manhã e no almoço, por uma mesa exclusiva.

- ✔ **A maior parte das companhias possui membros de seu *staff* especializados** em garantir a interação entre os hóspedes, ou até fazer companhia numa refeição para quem viaja sozinho forçosamente, e não por opção.

8
SEGURANÇA E IMPREVISTOS

Todo viajante está sujeito a passar por alguns imprevistos durante o passeio, e os cruzeiros não estão isentos dessa possibilidade – não há como garantir de antemão que a viagem vai ser um mar de rosas. O principal é prevenir e planejar, para diminuir os riscos. *Overbooking* e cancelamentos, comuns nas viagens aéreas, felizmente não existem nos navios, mas ainda assim é bom saber o que fazer caso aconteça algum imprevisto na viagem.

Se sua bagagem se extraviar. Embora os casos sejam raríssimos, é possível haver extravio de bagagem em viagens de navio, sobretudo se no dia da partida houver movimento excessivo no porto, com muitos navios zarpando (na alta temporada, o porto de Santos chega a ter cinco ou seis navios saindo no mesmo dia). Portanto, as mesmas regras para viagens de avião são válidas aqui: leve uma bagagem de mão com uma troca de roupa, remédios e todos os objetos de valor. Etiquete muito bem, e de maneira legível, a bagagem despachada; e, se até o fim da noite ela não chegar à sua cabine, não entre em pânico. Vá direto à recepção e registre a queixa. Provavelmente sua bagagem será entregue em um porto de escala, em até três dias (72 horas). Se isso não acontecer, você será reembolsado, com valores que variam de acordo com a companhia de cruzeiros

– informe-se a respeito. Se tiver feito um seguro-viagem (o que é SEMPRE aconselhável), entre em contato com o número de emergência imediatamente.

✔ **Se você perder o passaporte.** Em cruzeiros internacionais, o passaporte dos passageiros costuma ficar retido na recepção desde o momento do embarque, sendo entregue somente no desembarque final. Se essa não for a política de seu cruzeiro e você perder o passaporte, procure imediatamente o consulado ou a embaixada brasileira na escala seguinte para fazer um documento provisório. Se não houver embaixada nem consulado brasileiro na escala, procure a polícia local para registrar a queixa e telefone para o consulado brasileiro mais próximo da escala seguinte, para verificar as providências cabíveis. Não deixe de embarcar com uma cópia do passaporte e com os números de telefone dos consulados brasileiros mais próximos de todas as escalas do roteiro. No caso dos cruzeiros nacionais, é obrigatório apresentar o RG original para embarque, e o documento eventualmente pode ser solicitado no reembarque em outro porto – leve também uma cópia consigo.

✔ **Se você perder o cartão de crédito.** Isso pode acontecer numa escala, é claro, e furtos são possíveis em qualquer lugar, até mesmo – toc, toc, toc – dentro do navio. Caso aconteça com você, ligue imediatamente para a central do cartão para comunicar a perda ou o roubo e solicitar a reemissão. A reemissão e entrega fora do país podem ser taxadas, e os valores variam conforme o banco e a operadora – verifique esses dados antes de viajar, para não ter mais surpresas desagradáveis em trânsito. Mantenha esses telefones sempre com você para diminuir o nervosismo desse tipo de situação. Se possível, registre a ocorrência com a polícia local na escala em que notou o sumiço dos documentos, ou na parada seguinte. E, em caso de furto ou perda dentro do navio, comunique a recepção imediatamente.

✔ **Se você perder o navio.** Acredite: esses casos, apesar de absurdos, acontecem com mais frequência do que se imagina. Há hóspedes que ficam tão entretidos com o destino que perdem a hora de voltar ao navio, ou têm algum imprevisto com o trânsito local e chegam atrasados. Não se iluda: na hora marcada (avisada exaustivamente a bordo), o navio zarpa, com ou sem todos os passageiros. Seja no embarque inicial ou em uma das escalas, nenhuma embarcação vai ficar esperando por um passageiro atrasado. Os horários de embarque e desembarque são rígidos e inegociáveis. Se acontecer com você, a única solução possível é rumar de carro, ônibus ou avião para o destino da escala seguinte e aguardar a chegada do navio ao porto, para proceder ao reembarque. Por isso, atenção máxima aos horários de embarque, hein!

✔ **Se você ficar doente.** Além dos enjoos, ninguém está salvo de ser acometido por uma indigestão, diarreia ou mesmo uma gripe forte durante o cruzeiro, sobretudo nos roteiros mais longos. A exposição prolongada ao ar-condicionado ou a ingestão de muitos tipos diferentes de comida (ou mesmo o excesso) podem atingir mais severamente uns passageiros do que outros. Como em qualquer viagem, tão importante quanto contratar um seguro-saúde é ler a apólice de letras minúsculas que o acompanha para saber como proceder. Cada seguradora tem um sistema: algumas utilizam sistema de reembolso (em que você paga as despesas e depois recebe o valor de volta), outras fornecem senha para atendimento (sem necessidade de pagamento *in loco*) e assim por diante. O *staff* do navio também poderá ajudá-lo nessa hora e encaminhá-lo ao médico a bordo, ou direcioná-lo ao hospital mais próximo, no caso de escala. Informe-se antes de sair de casa sobre como funciona seu seguro (tire suas dúvidas com o agente de viagens) e ande sempre com o cartão e os telefones para atendimento. E, claro, nunca se automedique – a emenda pode sair pior que o soneto.

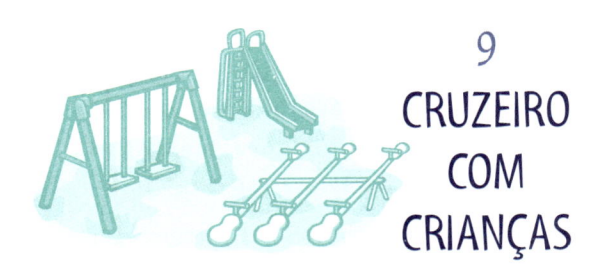

9
CRUZEIRO COM CRIANÇAS

Viajar com crianças não é uma tarefa fácil, mas pode ser extremamente prazerosa para pais e filhos. Mesmo no cruzeiro, onde existe uma equipe para zelar pelo entretenimento infantil na maior parte dos navios, é sempre necessário planejamento e atenção quando se resolve sair com os pequenos por aí.

✔ **A arrumação das malas é uma parte trabalhosa e complexa para alguns pais;** é imprescindível fazer uma listinha antes de passar o cadeado. O ideal é sempre separar uma bolsa ou mochila só para a criança, mesmo que ainda seja bebê, para que nenhum item seja esquecido. O *kit* básico de fraldas, lencinhos umedecidos, remedinhos e chupeta tem que estar sempre fácil, à mão, e não despachado.

- ✔ **Mesmo com a equipe de monitores, vale sempre levar brinquedinhos ou jogos para a criança –** até porque o *kids club* não funciona o dia todo. Os menorzinhos normalmente não se adaptam ao convívio com a equipe de recreação e preferem ficar com os pais – e muitos navios só aceitam no *kids club* crianças com mais de 3 anos.

- ✔ **Mesmo os maiores podem se cansar do convívio com outras crianças e pedir um pouco de atenção.** Para esses momentos de monotonia ou insatisfação, leve um bichinho de pelúcia, um livro para colorir ou um gibi para os maiorzinhos. E curtam juntos os ambientes do navio, das piscinas à biblioteca.

- **Para os bebês, leve sempre carrinhos leves e fáceis de desmontar,** para facilitar o dia a dia a bordo. Anda-se muito dentro do navio e também nas escalas, e haverá momentos em que o carrinho será essencial para evitar o cansaço dos pais. Os *baby bags* ou *slings* europeus, para carregar o bebê nas costas ou na barriga, também são muito eficientes.

- **Peça sempre o berço já no ato da reserva,** para evitar transtornos na hora da chegada – se a recomendação não for feita com antecedência, a companhia não tem obrigação de providenciar.

- **Crianças também precisam de documento de identidade,** certificado de vacina, visto e passaporte, com procedimentos iguais aos dos adultos, mas validade menor. Verifique sempre toda a documentação de todos os integrantes da família antes de embarcar.

- **Mesmo em cruzeiros nacionais, menores desacompanhados precisam de autorização dos pais ou responsáveis para viajar.** Pode ser escrita de próprio punho, mas com firma reconhecida em cartório. Sem esse documento, a criança não embarca.

- **Fazer seguro-viagem para as crianças também é imprescindível,** assim como carregar sempre a carteirinha do plano de saúde regular e o telefone do pediatra.

- **Enquanto estiver planejando a viagem, deixe a criança, mesmo pequenininha, participar dessa fase –** mostre mapas dos lugares a ser visitados e fotos de navios, para que ela vá se acostumando com a ideia e se envolvendo.

- **Crianças são muito mais suscetíveis a enjoo do que adultos.** Antes de viajar, consulte o pediatra para saber exatamente o que fazer e que medicamentos ministrar caso a criança fique muito enjoada no cruzeiro.

✔ **Leve alimentação própria para os bebês,** como mamadeira de leite, suco e papinhas, que podem não ser oferecidos no cruzeiro. Também é bom levar alguns alimentos com os quais a criança esteja acostumada, já que as menores podem não se adaptar à comida oferecida no navio.

✔ **Para crianças maiores, negocie antecipadamente como será a política de gastos a bordo,** já que cada criança receberá um cartão de consumo próprio ao embarcar. Para deixar o cartão com elas, é necessário muito diálogo e negociação, já que ele libera o consumo. A medida mais correta é o adulto ficar com todos os cartões, para que a criança consuma apenas o que o pai ou a mãe acharem necessário.

Gestantes a bordo

Não há nenhuma contraindicação para gestantes que desejam embarcar numa viagem de navio. Mas comunicar seu médico antes do embarque é essencial para saber exatamente como proceder em relação a medicamentos, alimentação etc.

✔ **Procure não passar muito tempo sentada durante o cruzeiro.** Aproveite as áreas extensas do navio e caminhe regularmente, para diminuir o impacto na circulação.

✔ **Como a desidratação, muito comum às gestantes, costuma ser agravada pelo ar-condicionado dos ambientes internos do navio,** beba sempre bastante água e faça caminhadas do lado externo com frequência. Descer nas escalas também é bastante recomendável.

- **Peça que seu médico receite um antiemético específico** para evitar o enjoo durante a viagem.

- **Na hora das refeições, tenha mais atenção ao que leva à boca** – conversar com o médico antes de embarcar vai ajudá-la a comer corretamente na viagem.

RESUMINDO

O que o turista deve esperar do cruzeiro?

Depende muito do cruzeiro que se faz. Há aqueles mais simples, outros mais luxuosos, e isso se reflete em tudo – na comida, no entretenimento, nas acomodações... Por isso é preciso pesquisar muito antes de comprar: os cruzeiros *all-inclusive* podem parecer muito interessantes financeiramente, mas costumam oferecer produtos de qualidade inferior – depende do passageiro a habilidade de lidar com isso. De qualquer maneira, todos os cruzeiros costumam envolver conforto, boa comida e muitas opções de entretenimento, lazer, cultura e *fitness*, para todas as idades, e a qualidade de cada um pode ser comparada à de um hotel da mesma categoria (econômico, padrão, luxo etc.).

O que levar na mala?

Cruzeiros na costa brasileira pressupõem muitos trajes de praia e roupas leves, já que a informalidade impera por aqui – mas é bom levar também um casaco, pois à noite pode esfriar e o ar-condicionado nas áreas internas costuma ser forte, assim como trajes para o período noturno. Há navios mais informais, em que só não são permitidos bermudas, regatas e *jeans* no jantar, mas há aqueles que exigem traje social ou até de gala, na noite do comandante. Mais uma vez: é preciso se informar direitinho sobre o produto que você está comprando antes de fechar negócio. Não esqueça também de levar medicamentos antienjoo, já que algumas pessoas são mais sensíveis ao balanço do navio, e documentos originais.

Como escolher um cruzeiro para não entrar em furada?

Informação, informação, informação! Use e abuse da Internet para pesquisar as opções disponíveis e o que há de melhor e pior em cada uma delas – vale usar o formulário de contato do *site* das companhias de cruzeiros, ler resenhas e matérias de revistas e jornais e trocar ideias com blogueiros de viagem. Se for comprar o cruzeiro via agência de viagens, encha seu agente de perguntas sobre os roteiros que mais lhe interessam, para encontrar o melhor produto para você. Com a febre dos cruzeiros no Brasil, há muitos produtos de qualidade ruim sendo oferecidos – sem falar que gosto é gosto, e o que é bom o suficiente para um passageiro pode ser inadequado para outro. Procure se ater às companhias mais tradicionais, que oferecem segurança, bom serviço e gastronomia de qualidade, e busque um cruzeiro com seu perfil. Não adianta escolher um cruzeiro para jovens se você busca conforto, sossego e comida caprichada; e também não adianta investir num cruzeiro de luxo se você não curte frescuras. Lembre-se também de escolher um roteiro interessante, pois as escalas são parte fundamental da viagem.

Existe um perfil de brasileiros que procuram viagens de navio?

O público consumidor de cruzeiros no Brasil é muito variado e composto por viajantes de poder econômico distinto. O setor cresceu muito, devido tanto à oferta maior de cruzeiros em nossa costa quanto à redução dos preços. Geralmente, é mais barato passar uma semana num cruzeiro, com todas as refeições incluídas, do que num *resort* no Nordeste de mesma categoria. Mas cada tipo de cruzeiro e cada empresa (ou armadora) tem um público diferente, seja no nível de exigência em relação à acomodação e à gastronomia, seja quanto ao desejo de permanecer mais ou menos tempo a bordo. Em geral, passageiros de navio estão em busca de dias de ócio e lazer, com conforto e bom serviço, e de conhecer lugares diferentes durante a viagem.

O que é essencial ter em mente ao se decidir por um cruzeiro?

É recomendável reunir bastante informação sobre os portos em que o navio vai atracar, para aproveitar mais as escalas, e com segurança. Também é fundamental respeitar os horários, turnos e mesas para as refeições *à la carte*, assim como os rígidos horários de embarque e desembarque do navio – há inúmeros casos de passageiros que "perderam o navio" porque se esqueceram da vida numa escala e chegaram atrasados para o reembarque. Para evitar náuseas, é recomendável ingerir carboidratos e consumir o mínimo possível de álcool.

Quais as diferenças entre fazer um cruzeiro no Brasil e em outras partes do mundo, como na Europa ou no Caribe?

A diferença está no roteiro, claro, mas também no estilo da viagem. Os cruzeiros no Brasil são feitos basicamente para brasileiros, por isso são bastante informais; muitos hóspedes optam por não desembarcar nos portos de escala, há festas temáticas todas as noites e o entretenimento costuma varar a madrugada. Cruzeiros europeus e caribenhos, e mesmo as travessias Brasil-Europa, por outro lado, investem mais na gastronomia de qualidade e no serviço, os hóspedes descem mais nas escalas e há entretenimento com menor duração – é comum que os bares fechem por volta da meia-noite, já que a maioria dos hóspedes dorme cedo.

O que há em comum nos cruzeiros, em termos de atividades e até mesmo de regras, sejam temáticos ou não?

A maioria dos cruzeiros inclui todas as refeições e também um básico de entretenimento a bordo, como *show* noturno diário, monitores para as crianças, *fitness* etc. Mas as atividades oferecidas variam imensamente, assim como os demais serviços incluídos e o *dress code* para os eventos noturnos. Cruzeiros temáticos têm, é claro, a programação de entretenimento toda voltada para seu tema (*fitness*, dança, bem-estar, gastronomia etc.). Os rígidos horários para embarque e desembarque são ponto comum em qualquer cruzeiro no mundo – nunca se atrase.

Quais os mitos que ainda persistem em relação aos cruzeiros?

Tem gente que ainda pensa que viajar de navio pressupõe levar na bagagem trajes de gala para todos os jantares, assim como tem quem ache que, já que o cruzeiro é brasileiro, pode ir jantar de bermuda e chinelo. Normalmente, os navios entregam diariamente, a cada hóspede, um jornalzinho que, entre outras informações, traz o traje correto para aquela noite. A vestimenta varia muito em função do navio que você escolhe.

Outro mito comum é que viajar de navio sempre causa náuseas e enjoos. A sensibilidade de cada viajante é muito particular – há hóspedes que ficam mareados muito facilmente, e há outros que nem lembram que estão sobre as águas.

NA INTERNET

A Internet é a grande amiga do viajante contemporâneo – há uma infinidade de ferramentas à sua disposição para pesquisa, cotação e até compra de serviços. Na Internet, você encontra facilmente o conteúdo de viagem de revistas, jornais e guias *on-line*, além da proliferação dos *blogs* de viajantes, que contam vivências pessoais ocorridas nos quatro cantos do planeta, em várias empresas de cruzeiros e em vários roteiros diferentes – aliás, invista mesmo na leitura de *blogs*, pois a interação e a troca de experiências com outros internautas-viajantes acabam fazendo toda a diferença na sua viagem.

Antes de qualquer viagem, a pesquisa é fundamental – você não reserva um hotel sem saber se ele tem boas referências, não é? Pois o mesmo deve acontecer ao reservar um cruzeiro. Para conhecer um pouco mais sobre o mundo dos cruzeiros, você pode fazer sua pesquisa em *sites* especializados no assunto, como o celebrado Cruise Critic, ou em mais uma série de *sites* ligados a esse universo. Use e abuse, sem contraindicações!

Operadoras que vendem cruzeiros no Brasil

☺ www.cvc.com.br
☺ www.agaxtur.com.br
☺ www.pier1.com.br

Companhias de cruzeiros que operam no Brasil

- ☺ www.cvc.com.br
- ☺ www.iberocruzeiros.com.br
- ☺ www.costacruzeiros.com.br
- ☺ www.sunsea.com.br
- ☺ www.msccruzeiros.com.br
- ☺ www.royalcaribbean.com.br

Companhias de cruzeiros tradicionais no exterior

- ☺ www.carnival.com
- ☺ www.royalcaribbean.com
- ☺ www.msccrociere.com
- ☺ www.costacrociere.com
- ☺ www.cunard.com
- ☺ www.disneycruises.com
- ☺ www.hollandamerica.com
- ☺ www.azamaracruises.com

- ☺ www.ncl.com
- ☺ www.princess.com
- ☺ www.rssc.com
- ☺ www.iberocruceros.com

Companhias de cruzeiros de luxo

- ☺ www.silversea.com
- ☺ www.seadream.com
- ☺ www.crystalcruises.com

Companhias de cruzeiros de exploração

- ☺ www.australis.com
- ☺ www.nomadsoftheseas.com
- ☺ www.hurtigruten.com

Cruzeiros *low-cost*

- ☺ easycruise.com

Cruzeiros fluviais

- ☺ www.vikingrivercruises.com
- ☺ www.amawaterways.com

Site especializado em crítica de cruzeiros

- ☺ www.cruisecritic.com

POR FIM

Apontar o melhor e o pior dos cruzeiros é, como eu já disse aqui, extremamente subjetivo, já que turistas não têm sempre – felizmente! – o mesmo gosto. Mas costuma ser senso geral que entre os aspectos mais positivos dos cruzeiros estão a relação custo-benefício (comparando-se com os trechos aéreos e hospedagem num hotel de mesma categoria) e a excitação de acordar cada dia num lugar diferente, com o conforto de não ter que fazer e desfazer as malas a cada deslocamento.

Talvez o maior aspecto negativo seja o curto tempo de parada em cada escala – geralmente em torno de oito horas, mas dependendo do roteiro as escalas podem ser mais longas ou ainda mais breves, o que permite que o viajante conheça muito pouco do destino visitado. Por outro lado, essa parada rápida pode servir como referência para decidir se o lugar em questão vale ou não uma nova viagem no futuro. (É bom se preparar psicologicamente, pois o assédio aos turistas em cada porto de escala costuma ser MUITO grande.)

Também pode ser um aspecto negativo a questão do enjoo, para quem tem o estômago muito sensível. A grande maioria dos passageiros dificilmente sente mal-estar pronunciado com a navegação, mas pessoas que costumam enjoar com facilidade (em descidas de serra, por exemplo, ou passeios de escuna) realmente devem evitar esse tipo de viagem.

Há passageiros que se queixam da monotonia nos cardápios de algumas companhias, com *menus*, sobretudo no café da manhã, sem nenhuma variedade ao longo da viagem. Em compensação, mesmo com os preços cobrados em moeda estrangeira, o valor de algumas bebidas pode ser mais interessante dentro do navio que fora dele.

Já o entretenimento a bordo costuma despertar amor ou ódio, mas a verdade é que ninguém é obrigado a ir aos espetáculos noturnos no teatro – até porque, nas companhias mais tradicionais, a oferta de entretenimento costuma ser grande, com opções que vão do *show* no estilo banquinho e violão à música ao vivo no deque da piscina, e tudo acontecendo simultaneamente, para que ninguém fique de fora.

Pesquisando corretamente, fica bem mais fácil encontrar um cruzeiro à sua medida – com o tipo de acomodação que você deseja, programação de bordo de acordo com seus interesses, roteiro que atende às suas expectativas e valor dentro do seu orçamento. Com tantas opções no mercado, alguma vai servir direitinho para você.

Espero que este breve guia ajude você na tarefa de encontrar o cruzeiro ideal. E boas viagens, sempre!

GLOSSÁRIO

Amenities: miudezas oferecidas aos hóspedes como cortesia, como xampu, sabonete, hidratante, sais de banho, bombons etc.

Check-in: ato de se registrar para entrar no navio.

Checkout: ato de fechar suas contas para sair do navio.

Dress code: código do que é adequado vestir em cada ocasião.

Kids club: área do navio exclusiva para crianças, com monitores para administrar as atividades lúdico-educativas diárias.

Low-cost: companhias de baixo custo.

Voucher: documento que confirma a compra do cruzeiro.